U0566611

中国社会科学院当代中国马克思主义政治经济学创新智库
中国社会科学院全国中国特色社会主义政治经济学研究中心

贫困治理理论和中国经验

主 编／胡乐明

副主编／陈雪娟 张红杰

社会科学文献出版社
SOCIAL SCIENCES ACADEMIC PRESS (CHINA)

前 言

党的十八大以来，在以习近平同志为核心的党中央领导下，中国组织实施了人类历史上规模空前、力度最大、惠及人口最多的脱贫攻坚战。2021 年 2 月 25 日，习近平总书记在全国脱贫攻坚总结表彰大会上庄严宣告，我国脱贫攻坚战取得了全面胜利，完成了消除绝对贫困的艰巨任务。在庆祝中国共产党成立 100 周年大会上，习近平总书记代表党和人民庄严宣告："经过全党全国各族人民持续奋斗，我们实现了第一个百年奋斗目标，在中华大地上全面建成了小康社会，历史性地解决了绝对贫困问题，正在意气风发向着全面建成社会主义现代化强国的第二个百年奋斗目标迈进。这是中华民族的伟大光荣！这是中国人民的伟大光荣！这是中国共产党的伟大光荣！"从完成脱贫攻坚、全面建成小康社会，到接续奋斗全面建设社会主义现代化强国，中国特色社会主义建设开启了新征程。

摆脱贫困是人类长久以来的梦想。作为世界上最大的发展中国家，中国的贫困问题尤其严重。长期以来，人口多、底子薄、贫困规模大、贫困范围广、贫困程度深、贫困原因复杂、巩固脱贫成果困难等问题，成为中国实现持续发展的掣肘。《人类减贫的中国实践》白皮书指出："占世界人口近五分之一的中国全面消除绝对贫困，提前 10 年实现 2030 年可持续发展议程设定的减贫目标，不仅是中华民族发展史上具有里程碑意义的大事件，也是人类减贫史乃至人类发展史上的大事件，为全球减贫事业发展和人类发展进步作出了重大贡献。"如何系统总结我国贫困治理的理论和经验，更好地巩固脱贫成果、防止返贫；如何将实践中的鲜活经验转化为可供世界其他发展中国家借鉴的方法，实现更多人脱贫；如何在理论上认识和进一步总结、提升，形成更加完善的贫困治理理论，是经济理论工作者义不容辞的使命和责任。为此，中国社会科学院当代中国马克思主义政治经济学创新智库和中国社会科学院全国中国特色社会主义政治经济学研究中心组织中国社会科学院经济研究所政治经济学学科科研团队和国内同行合作，对国内外贫困治理的理论、实践、中国经验和中国案例等进行了系统整理，形成了《贫困治理理论和中国经验》专题报告，作为对中国消除绝对贫困、全面建成小康社会这一伟大壮举的总结，并以此向所有在脱贫攻坚中付出艰苦努力的各界人士致敬。

本书由胡乐明教授任主编，陈雪娟副研究员和张红杰副教授任副主编。胡乐明教授设计整体框架并组织、协调全书的写作、统稿和审定。全书具体写作分工如下。"前言"：胡乐明（中国社会科学院经济研究所）。专题一"贫困治理的一般理论与模式"：陈雪娟（中国社会科学院经济研究所）。专题二"贫困治理的国别比较"：周煊（中国人民大学）。专题三"中国贫困的特点与治理难点"：黄德威、杨浩天（中国人民大学）。专题四"贫困治理的中国方案"：张红杰（郑州航空工业管理学院）。专题五"中国贫困治理的经验"：张红杰（郑州航空工业管理学院）。专题六"中国贫困治理的世界意义"：李东民（中国人民大学）。附录一"中国贫困治理的经典案例"：张红杰（郑州航空工业管理学院）。附录二"中国贫困治理的主要文献"：陈雪娟（中国社会科学院经济研究所）。

由于写作时间紧、文献量大，书中难免存在挂一漏万的问题，并且由于篇幅的限制，未能将所有相关文献进行收录，还请各位同仁谅解。

目　录

专题一
贫困治理的一般理论与模式

贫困作为一种绝对或相对的资源贫乏现象，是国际社会共同面对的历史性难题。根据世界银行统计数据，按照每人每天 1.9 美元生活费（2011 年购买力）的测算标准，1990 年全世界极端贫困人口为 18.95 亿人，贫困人口占全世界总人口的比重是 35.85%。2015 年全世界极端贫困人口减少至 7.36 亿人，贫困率也下降到 10%。截至 2020 年 4 月，全世界极端贫困人口占全世界总人口的比重为 7.89%，全世界极端贫困人口进一步减少至 6 亿人左右（刘建飞和郑嘉伟，2020）。总之，全球贫困率与全世界贫困人数在全球各国政府与人民的通力合作下有了明显的下降。但是，全球减贫速度也在下降。如图 1 所示，从 1990 年到 2012 年，全球贫困率平均每年下降约 1 个百分点，但从 2013 年到 2017 年，全球贫困率每年仅降低约 0.6 个百分点。受新冠肺炎疫情的影响，2020 年全球贫困率出现 1998 年以来的首次上升。与 2019 年相比，2020 年全球可能有 4000 万至 6000 万人陷入赤贫状态，全球极端贫困率可能上升 0.3 个百分点至 0.7 个百分点（World Bank，2018）。

距离实现联合国 2030 年消除绝对贫困的目标还有不到 10 年的时间，此时，回顾国际反贫困的实践探索，总结其中形成的贫困治理理论和经验，并提炼出具有可借鉴性的贫困治理模式，对于进一步开创中国参与全球贫困治理国际合作的新局面具有非常重要的意义。

（a）全球贫困线

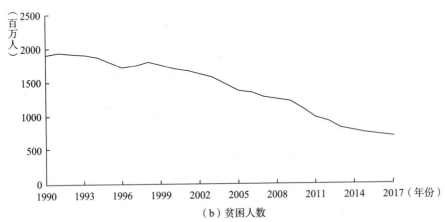

（b）贫困人数

图1　全球贫困线及每人每天 1. 90 美元生活费标准下的贫困人数（1990～2017 年）
资料来源：世界银行官网。

第一节　贫困的一般理论

贫困和反贫困是一个问题的两个方面。在不同的历史条件、不同的文化背景、不同的经济发展水平下，人们对于贫困有着不同维度的理论解释。

一　贫困的概念

贫困是贫困治理中更为底层的一个概念。对于贫困的认识和理解在很大程度上会影响贫困治理的思路和方式。对于贫困最早的认识及研究起源于英国，它强调物质层面的一种生活状态，即物质的绝对贫困。伴随现代社会生产的飞速发展，物质不断丰富，绝对贫困越来越难以反映社会上新出现的贫困现象。相对贫困概念弥补了绝对贫困概念的片面性，并在后来进一步拓展为能力贫困和多维贫困。整个过程反映了理论界对于贫困特征的认识和理解越来越全面、准确和深刻。

1. 绝对贫困

早期的相关研究主要是围绕物质层面的绝对贫困来展开的。英国经济学家西博姆·郎特里（Rowntree，1902）在《贫穷：城镇生活研究》（*Poverty：A Study of Town Life*）中，明确提出了绝对贫困的概念：一个家庭处于贫困状态是因为其所拥有的收入不足以维持其生理功能的最低需要，这种最低需要包括食品、住房、衣着和其他必需品。他借助对英国约克郡的调查数据，第一次为贫困家庭设立了贫困标准。设立贫困标准的方法如下：首先根据定义估算出最低生活支出，即贫困线，其次将其与家庭收入比较，最后按照贫困线估算贫困人口的数量和比例。这种量化绝对贫困线的方法，是之后微观经济学家计进行量化研究的基础。

虽然在20世纪70年代之前，西博姆·郎特里的贫困概念及贫困线的计量方法在很长一段时间内在贫困研究中占据了主流地位，但理论界还是提出了很多质疑。实际上在20世纪中期，考虑到贫困者依然有各种社会需求以及人力资本积累的需要，研究者逐渐将环境、健康、教育等变量也纳入对贫困的度量中，并认为这些维度也属于人的"基本需求"。此时，经济学家们认识到生物学意义上的贫困不能充分说明社会上出现的贫困现象，如身体条件、气候条件和工作习惯的不同会导致最低支出水平的差别；最低营养标准转换为最低食物标准的做法存在不确定性，因为商品的组合会影响对应的最低生活支出；而且对非食物类项目来说，确定最低的需要量也十分困难。因此，贫困并非一个绝对标准，这种人为设置的客观标准并不一定客观，社会经济环境的变化也会使得人们的基本需求发生改变（章元和段文，2020）。

2. 相对贫困

由于对绝对贫困的概念存在质疑，越来越多的学者从相对和多维的角度来认识和理解贫困。贫困的维度远远超出了收入不足的范畴，涉及不良的身体状况和营养状况、较低的受教育水平、恶劣的居住环境等方面。越穷的国家，多维贫困的发生率越高。而且不同国家的贫困来源不一样，即使在同一个国家，不同地区多维贫困的差异也非常大。相对贫困研究领域最有代表性的学者是汤森（Townsend）。

汤森认为贫困是因为缺乏资源而被剥夺了享有常规社会生活水平和参与正常社会生活的权利。"个人、家庭与团体被认定为贫穷，是因为其缺乏资源去获得各种食物，尤其是参与活动，以及拥有风俗习惯所允许的生存条件与必需品。他们的资源严重地低于个人或家庭平均所需，事实上，他们已经被排除在惯常的生活模式、风俗习惯与活动之外了"（Townsend，1979）。他认为最低营养标准很难测量，而且从事不同工作和活动的不同个体所需要的营养也不同。因此，他提出了测量相对剥夺的方法，即根据对资源不同程度的剥夺水平，提供一个对贫困进行客观评估的方法。他先后提出了多个生活形态指标（饮食、衣服、燃料、住房、娱乐、教育等），用同类型家庭的指标平均水平作为相对贫困的度量标准。从汤森提出的剥夺标准可以看到，他所理解的相对贫困是"绝对的"，即在任何社会、任何时间都没有一个能够维持体能或健康水平的统一的生活必需品清单，需求必须与它所属的社会成员相联系。由此可知，贫困和生存都是相对的概念。汤森对贫困的理解还包含以他人或其他社会群体为参照物所感受到的被剥夺程度，即含有主观因素。相比绝对贫困，相对贫困在测量方法上就注意到了时间和地点的变化。汤森在 20 世纪 50 年代和 20 世纪 60 年代研究出了一个将收入和社会保障收益联系起来的定义和测量贫困的方法。这种方法显示，尽管生活水平总体上在提高，但是仍会有相当大一部分人无法达到普通的生活条件，这种通过参照平均收入来界定贫困的方法意味着不管收入有多高，总有固定比例的人群是贫困的（林闽钢，2020），这一点被认为是不合逻辑的（阿尔科克、梅和罗林森，2017）。

3. 能力贫困

阿马蒂亚·森（2002）认为，贫困不仅是收入低，更是能力的丧失，更确切地说是"可行能力"被剥夺的状态。阿玛蒂亚·森将"可行能力"定义为人们实现自己想要的生活的能力。他认为，尽管在概念上把"能力贫困"与"收入贫困"相区分是重要的，但这两种视角是相互联系的，因为收入是提高可行能力的重要手段。而且，提高可行能力可以使人具有更高的生产力，并赚取更高的收入。可行能力与收入之间的这种联系对于消除贫困来说是特别重要的。

阿玛蒂亚·森认为，过分强调收入对贫困的影响，会使人们对贫困问题的研究视野变得狭窄，导致研究者们忽略更多与贫困相关的因素，如受教育权、获得医疗保障的权利、就业机会等。而原有的以收入作为衡量贫困的标准已经使国家政策开始扭曲。因此贫困治理不应该只是单纯地提高人们的收入，而是应该重建和提高个人的能力，这样才能避免甚至消除贫困。他认为政治自由、经济条件、社会机会、透明性保障和防护性保障这五个方面，是提高人的可行能力的关键条件，可以帮助人们在提高自身可行能力时得到更大的自由。只有以人们在实际生活中能够享有的自由为标准去理解贫困，才能够找到真正治理贫困的办法。

阿玛蒂亚·森还将贫困问题当成一个政治问题，并从权利剥夺的角度进行研究。他指出，要真正理解什么是贫困，就必须将贫困放到权利体系中去。而研究这一切的前提就是要阐释到底什么是权利体系。阿玛蒂亚·森将权利体系概括为四个方面：一是个人享有将自己的物品与他人进行自由交换的权利；二是个人在社会生活中，可以把自己所拥有的资源或是通过雇佣得到的生产要素用于生产；三是个人可以将自己的劳动力运用于自己组织的生产活动或是被他人雇用；四是个人有权利继承财产或接受他人的赠予。与之对应，个人避免饥饿的权利则需要政治、经济和社会提供保障。这些因素持续地影响权利的分配，并决定了群体的不同，也使不同的群体在处理贫困问题时得到不同的结果。正是这一系列因素导致了人们在面对贫困时的不同境遇。

阿玛蒂亚·森（2004）认为，贫困不仅仅是比别人穷，"贫困的概念中存在有一个不可能缩减的绝对贫困的内核，即把饥饿、营养不良以及其他可以看见的贫困，统统转换成关于贫困的判断，而不必事先确认分配的相对性"。阿玛蒂亚·森将饥饿作为贫困的代表，认为造成饥饿的真正原因并不是食物短缺，而是个人所拥有的交换权利不断丧失。阿玛蒂亚·森的权利贫困理论认为，一个人拥有食物和支配食物的权利，是人在现代社会中所应享有的最基本的权利之一。基于此，他对汤森的相对贫困解释提出了质疑（Sen，1983）。汤森认为，阿玛蒂亚·森的大多数论述是建立在对第三世界国家经济的分析之上，他在解释贫困的概念时拒绝放弃绝对需求和绝对剥夺的思想，仍然是从生存的方面来定义贫困。而强调贫困概念的绝对内核引发的问题是低估了除食物需求以外的其他需求的重要性（Townsend，1985）。阿玛蒂亚·森在讨论中虽然承认从绝对贫困向相对贫困的转变为贫困理论研究提供了一个非常有用的分析框架，但"相对贫困分析方法只能是对绝对贫困分析方法的补充而不是替代"（Sen A，1985）。

二　贫困的测度

正如贫困的概念是多维的一样，贫困的测度也是多维的。贫困测度大致有两类：客观的定量估计和主观的定性估计。客观定量估计的方法大多应用于对绝对贫困的分析，有时候也应用于对相对贫困的分析。

实践中有很多属于绝对贫困范畴的贫困界定。例如，世界银行倡导的食物贫困线为每个成年人每天从食物中摄入 2100 千卡能量所需的货币数量；美国社会安全局设定的第一条贫困线为一个家庭购买足够营养膳食的成本的三倍[①]，其中"足够营养膳食"的衡量标准则来自农业部的"经济食物计划"（Sawhill，1988）。

相对贫困的估计一般使用中位数的收入水平，有时也使用均值收入水平作为依据。最早福克斯·维克多把贫困线确定为全国人口收入分布的中值的 50%，这种确定相对贫困线的方法为后来学者所沿用（姚力，2017）。其中，一种观点是使用均值而不是中值来估计贫困线，另一种观点是使用均值的 40% 而不是 50% 来估计贫困线，后来的学者也使用了其他比例的均值估计贫困线（章元和段文，2020）。

基于阿玛蒂亚·森的能力贫困学说，研究者拓展出了"广义福利贫困""人类贫困指数""多维贫困指数"等概念，试图从人的全面发展、生活质量和基本权利等方面来考察、测量和分析贫困问题。1990 年，世界银行根据阿玛蒂亚·森对贫困的理解，把无法获得最低生活标准的能力定义为贫困。2001 年，世界银行进一步提出了广义福利贫困的概念，并将贫困定义为"福利的被剥夺状态"。世界银行认为贫困不仅指物质的匮乏，也包括低水平的教育和健康，还包括风险和面临风险时的脆弱性，以及不能表达自身的需求和缺乏参与社会的机会。

联合国发展计划署（UNDP）对能力贫困的定义和世界银行有所不同。UNDP 认为贫困是指无法获得包括物质福利在内的人类发展的机遇和选择的权利，贫困不仅仅是收入不足的问题，还是一种对人类发展的权利、生命、知识、尊严和体面生活等多方面的剥夺。这两种贫困的定义，实质是相同的，都认为贫困是一种自由选择权利的缺乏，这一认识

---

① 这是因为美国 1955 年的一个调查显示，平均而言，一个三口之家会将税后收入的 35% 用于购买食物（Orshansky，1965）

使得人们更加深入全面地了解贫困产生的原因，从而制定更加科学的反贫困战略和政策。

在 UNDP 2008 年发布的《人类发展报告》中，发展中国家的人类贫困指数 HPI-1 由三个指标构成：健康的剥夺、接受教育的剥夺和体面生活的剥夺。发达国家人类贫困指数 HPI-2 衡量的是一个国家在人类发展的四个基本方面的差距，其中三个指标与发展中国家的人类贫困指数的指标一致，另外一个指标是社会参与。2010 年 UNDP 发布的多维贫困指数（MPI）代替了人类贫困指数（HPI）。MPI 从三个维度识别了家庭层面所受到的剥夺，反映了平均受剥夺的人数以及贫困家庭所遭受的剥夺维度。这三个维度包括健康（营养和儿童死亡率）、教育（受教育年限和儿童入学率）和生活标准（做饭用燃料、厕所、饮用水、电、屋内地面材质和财产），并且每个指标在其维度内都有相同的权重。

三　贫困的成因

1. 制度冲突论

马克思认为社会制度导致贫困。无产阶级在结构化了的资本主义制度中，在群体间的利益争夺中均处于相对弱势的地位，其逐步走向贫困是必然结局。马克思对贫困根源的分析，没有局限于单纯的、现象层面的物质贫困，而是将物质贫困与物质生产结合起来，始终强调生产资料所有制给工人阶级生活状况带来的直接后果和持久影响。他指出，贫困现象表面上受到社会分工的影响，但群众的普遍贫困和贫困的恶化只能来源于资本主义私有制。在马克思看来，贫困之所以表现为工人的异化劳动，根源在于资本主义制度下的雇佣劳动制度，正是这一制度造成了无产阶级权利的丧失。不仅如此，雇佣劳动制度基础上的剩余价值生产，还使贫困的积累成为资本积累的伴生物，超过资本增殖所需的相对过剩人口不断产生并堕入贫困线以下。资产阶级的一极不断完成财富积累的同时，无产阶级的一极也随之不断重复着贫困的积累。贫困并非产生于劳动者个体层面，而是从现代劳动本质中产生的。这是资本主义私有制内在的绝对规律，是雇佣劳动制度的必然结果。没有社会经济制度的变革，劳动者的权利和利益就不可能得到保障，贫困现象也就难以从根本上消除。

赫尔南多·德·索托也认为穷人受到国家和社会制度的剥夺与限制。他们缺乏法律的保护、不受尊重、被禁止利用新的经济机会，这就使得穷人所拥有的财产无法真正转化为资本，进而无法利用这些资本为自己创造财富。

2. 功能主义贫困观

功能主义贫困观则认为贫困是社会运作的必要成分，对于社会稳定具有显著的正功能。库兹涅茨（kuznet，1995）提出了著名的倒"U"形曲线，他指出在经济未充分发展阶段，即由前工业文明向工业文明过渡的早期，收入分配将随着经济发展而趋于不平等；等到了经济充分发展阶段，由于"涓滴效应"等因素的影响，收入分配又会趋于平等。赫伯特·甘斯（Gans，1972）在对美国社会研究的基础上，提出了贫困存在的必要性。他认为正是贫富分化保障了社会分工的实现与社会经济效益的提升。更有甚者，如美国著名经济学家拉格纳·纳克斯（1986）在他的著作《不发达国家的资本形成问题》中悲观地认为，落后国家或地区的经济长期停滞不前、人民长期处于贫困状态是难以避免的。发展中国家原有的落后便是其经济长期滞留于落后状态的原因（陈建勋，1988）。

3. 个体因素贫困论

伴随着理论界对于贫困认识的不断深入，对贫困成因的界定也更加多元化。"贫困处境论"着重强调自然环境对贫困生成的作用，是贫困最传统的解释之一（周怡，2007）。他们认为，贫穷者之所以贫穷，责任不在自身，而在于他们所处的环境。这一解释因忽视个体差异而备受研究者质疑，它无法解释在同样的自然地理环境中为何一部分人陷入了贫困，而另一部分人则没有。而奥斯卡·刘易斯（Lewis，1996）通过对墨西哥贫困家庭和社区的实际研究，提出了"贫困文化论"。刘易斯认为穷人长期生活在贫困之中，便形成了自我维持的文化体系——贫困文化。所谓"贫困文化"就是指在经济生活水平相对落后的环境下，穷人对于自己所处环境的反应、内化的风俗习惯和价值观念等。贫困文化具有内化性。它是一种局部的、某个集体所特有的观念或生活方式。它拥有一整套的行为习惯、生活态度、礼仪和规则，它没有明文规定，但不断影响人们的思维、心理、行为与价值观。贫困文化具有价值性。在社会中，穷人因为贫穷而形成一种特殊的生活方式与生活观念。贫困文化还具有代际传递性。贫困文化通过"社会互动"而得到强化，并且被逐渐制度化，形成顽固的贫困文化圈。

罗伯特·坎勃（Chamber，1995）将贫困人口的脆弱无助和孤立无援等因素纳入了贫困理论的研究。罗伯特·坎勃认为脆弱性包括两个方面：暴露于冲击、压力和风险之中的外在方面和孤立无援的内在方面。这两个方面都意味着穷人缺少应付破坏性损失的手段与保护自己不受风险打击的手段，这就导致风险反过来使穷人只能从事低回报的活动并进一步使他们在经济、资源和权利上被边缘化。

班纳吉、迪弗洛和克雷默在反思贫困研究中的一些流行观点时，通过大量实地的对照调查，证明了贫穷其实是由很多因素导致，并提出了以下观点。第一，不能将"贫穷"等同于"饥饿"，实际上大多数贫困人口可以得到大量的食品援助，而得到补助的家庭，他们不是去购买更多的廉价食物，而是去吃得更好。第二，健康能够提高一个人的未来收入，而很多穷人总是被动地接受疾病带来的痛苦，却不愿意花很多钱在疾病预防上。第三，穷人面对的教育出路更窄，学校老师对于穷人的孩子有更多的刻板印象。为了提高升学率，很多学校会试图不接收成绩不好的学生，这导致了老师和家长对于一些学生过早地放弃投入。第四，大家庭对于孩子成长没有影响，而贫穷也不是因为家庭里孩子的数量。其实生孩子最终导致妇女生活压力增加，从而失去了更多的生产力和赚取收入的机会。第五，穷人的日常生活充满的风险，而穷人面对风险，一方面少有翻身的资本，另一方面又没有保险投入。第六，穷人之所以借钱利息高，不是因为信用问题，而是因为银行收集信息、催讨债款成本过高。第七，穷人不存钱却到处花钱，是因为存不下钱。第八，穷人创业是因生活所迫，他们的小生意一般不赚钱，而且大多数人无法突破自己生意的瓶颈。第九，穷人对于政策不信任（李宝良和郭其友，2019）。

四 反贫困理论

不同贫困思想之下的反贫困思路各有不同。马克思认为无产阶级贫困源于资本主义制度，只有通过"剥夺剥夺者"才能彻底化解无产阶级面临的贫困境遇，即只有通过建立生产资料的公有制，才能从根本上消除贫困现象。与其相对立的功能主义贫困观认为贫困有其必然性和个体性，贫困并没有被视为一种社会公共问题。在这两者之间，还存在多种反贫困理论。20 世纪 60 年代，缪尔达尔（1991）在《世界贫困的挑战：世界反贫困大纲》一书中，首次提出"反贫困"的概念。自此，反贫困研究开始在世界范围内作为一项共同事业逐渐深入，并形成了反贫困理论。

反贫困理论的内容包括采取何种措施来预防、减少以及消除贫困，反贫困策略是贫困治理的重点。全球视野的反贫困研究始于 20 世纪资本主义世界市场体系形成之际。此时，越来越多的研究者开始关注宏观层面的经济发展及反贫困问题，形成了国家发展以及区域发展视角下的反贫困理论。伴随国际反贫困实践的深入，政府组织、国际机构和民间组织等力量将研究的视域拓宽，反贫困与经济社会发展、人权建设、妇女儿童事业发展和人类发展等多方面的世界议题相联系。

20 世纪中期尤其是第二次世界大战之后，新兴独立国家面临经济重建和摆脱贫困的重大问题。经济增长对于解决贫困问题的重要性，在罗森斯坦·罗丹的"大推进"理论、拉格纳·纳克斯的"贫困恶性循环"理论、理查德·纳尔逊的"低水平均衡陷阱"等一系列研究中都得到特别强调（黄承伟、刘欣和周晶，2017）。但单纯依靠经济增长并不能完全解决贫困问题，反而有可能带来贫困的进一步扩大。为此，世界银行和联合国都不断强调，减贫程度并不完全依赖经济增长，经济增长并不自动减少收入贫困。因此，第一，应从更深层次的制度因素上考量，如市场化水平、对外开放度以及国有化水平等，将经济增长和推进贫困地区的制度变迁有机结合起来；第二，将减贫战略纳入国家的经济发展战略中；第三，在经济增长模式和公共政策的选择上，将发展就业优先的劳动密集型经济和改善社会公共服务（教育、卫生和通信服务）紧密结合起来，实现既能给贫困人口提供就业机会，又能提高贫困人口发展能力的双重目的；第四，在经济发展模式的选择上，尤其在增长－分配组合的次序选择和轻重缓急的处理上，既不能过分强调先增长后分配，也不能重分配轻增长，应该走一条增长与分配兼顾的中性道路，以免出现奉行先增长后分配模式的国家所出现的"墨西哥病"，即追求高速经济增长所带来的两极分化和贫困加剧现象，以及奉行重分配轻增长模式的国家所出现的经济低增长甚至经济停滞和贫困反弹现象（叶普万，2005）。

以上反贫困理论，在学术界和政策界都占据主导地位。此外，基于可持续生计框架的反贫困理论和赋权理论也有一定的影响力。现有的可持续生计框架形成于20世纪70年代以后，是在总结发展中国家农村减贫经验基础上提出的，主要包括可持续生计分析框架、农户生计安全框架以及可持续生计途径。1987年，联合国"世界环境与发展大会"明确提出了可持续生计的观念，并将其定义为"具备维持基本生活所必需的充足的食品与现金储备量以及流动量"。总体来看，可持续生计框架是以贫困人口为核心的更综合的贫困分析视角及反贫困评估工具。赋权理论是20世纪80年代以后较为盛行的理论。该理论认为贫困人群是弱势群体，应通过促进贫困人口的赋权，推动贫困人口的政治参与和地方决策，消除由性别、民族、种族、地区和社会地位的差异造成的社会问题。赋权主要包括信息赋权和教育赋权两个方面（黄承伟、刘欣和周晶，2017）。

第二节　贫困治理的模式

贫困治理的核心问题是如何实现减贫。减贫过程中的运行机制和政策选择都是影响减贫效果的重要因素。

一　贫困治理的运行机制

在贫困治理过程中，政府、社会、贫困人口是三个重要的主体（张永丽和沈志宇，2020）。一般认为政府制定反贫困政策、自上而下地进行资源输入，并引导其他主体参与其中，是反贫困的主要运行机制（Couch、Smeeding 和 Waldfogel，2010）。

贫困人口自身的主体性地位，伴随参与式贫困评估（PPA）的推广日益受到重视。相关研究指出，贫困人口既是扶贫项目的受益者，也是扶贫项目实施的主体，赋予贫困人口参与权、决策权、管理权、监督权等各种权利，提高他们的参与能力是反贫困的根本之策（Bowen，2008）；改善贫困人口社会结构、实现贫困人口自身内在的变迁是反贫困的治本之策（Lewis，1966）；发挥贫困人口的主体作用，激发他们的自我发展潜力，对反贫困最终的成效具有至关重要的影响（Bradshaw，2007）。社会组织和企业则是政府反贫困的辅助力量，对反贫困起到重要支撑作用（Midgley，2008）。

在反贫困政策实施过程中，没有建立有效的社会治理体系、缺乏统一的信息交流平台、未形成多元主体共同参与的协作制度和有效的监督机制，是很多系统性问题的根源（Gash，2008）。因此，在贫困治理过程中，建立广泛的社会多主体共同参与的共治、共建、共享合作机制与协调机制，是反贫困体制机制改革的方向（Uphoff，1993）。建立一套这样的机制，需建立和不断完善贫困人口的瞄准与扶贫资源配置机制。联合国开发计划署于 1997 年确定的人类贫困指数为贫困瞄准提供导向，此后发展了需求评估法、指标瞄准法、自我瞄准法和社区瞄准法，以提高瞄准率。但施援者和受援者之间的信息不对称及贫困人口的异质性和贫困的动态性等因素增加了瞄准的难度（Couch、Smeeding 和 Waldfogel，2010）。有效监督制度的缺位或者不健全所导致的反馈机制不通畅、责任追究机制不健全，使得贫困识别存在严重的漏出和溢出现象（Ravallion，2015）。另外，扶贫资源配置机制的不完善很容易造成资源的使用与贫困人口的实际需求相脱离的问题（罗江月和唐丽霞，2014）。

二 贫困治理的实践

1. 发达国家的减贫实践

相对于发展中国家，发达国家贫困线较高，绝对贫困人数较少，但是相对贫困现象十分突出。发达国家的减贫策略虽各有不同，但也存在一些共通之处。首先，发达国家普遍将减贫重点放在改变不合理的社会经济结构上面。其次，注重完善社会保障制度。通过社会再分配方式为贫困群众提供最低生活保障是发达国家减贫的重要手段。发达国家的社会保障制度分两种。其一是全民福利，如北欧的芬兰、挪威、丹麦、瑞典及亚洲的日本等，这些国家通过为民众提供各项保障措施来预防贫困。其二是专项福利，即通过完善社会保障体系专门为低收入群众提供救济与补助，满足其生活的基本需求，避免其陷入极端贫困。澳大利亚、美国等国就建立了针对低收入群体的社会保障制度。最后，发达国家在减贫实践中逐渐深化贫困认识，除了直接给予生活补助外，开始注重提升贫困人口的自我发展能力。其中，推动贫困群体资产负债表建设是发达国家减贫手段的一大创新，它是通过政府补助、低息小额贷款、家庭储蓄及就业等措施来鼓励贫困家庭积累金融性资产，提升贫困家庭的理财能力。例如，美国于1998年颁布《资产独立法案》，英国为低收入家庭儿童建立终身账户，加拿大、澳大利亚等发达国家也相继推行该项目（刘建飞和郑嘉伟，2020）。

2. 发展中国家消除极度贫困的策略

发展中国家要在不足 10 年的时间内消除极度贫困，必须同时达到三个目标：对抗长期贫困、消弭贫穷化和维持减贫成果（左常升、谭卫平和张德亮，2016）。消除极度贫困的关键在于，要认识到对抗长期贫困人人有责。政府、公民、社会应该通力合作，在各自的领域内寻找到合适的政策。表 1 展示了主要相关利益者基于对贫困动态的判断，选择的消除极度贫困的策略。

表 1 主要相关利益者消除极度贫困的策略

相关利益者	对抗长期贫困	消弭贫穷化	维持减贫成果
政府和主要政党	认识到长期贫困人口的重要性，并支持社会救助等有利于极度贫困人口的方式。瞄准特定地区（人群）的需求。推动积极的社会变革，如通过反对各种形式的歧视来消除不平等。实行有利于贫困人口的经济策略，创造体面工作和价值链，为小农户带来合理的回报。提高国内税收能力。	利用灾害过后的政策空间来进行风险管理，再次定义优先顺序。通过政治策略及和平方案来避免暴力冲突的发生。提供普惠式医疗服务，如果必要，则立即采取如免费提供重要医疗服务等措施。	使社会契约聚焦于工作质量：稳定性、工资水平和工作条件。创造机会进行土地产权改革，支持小农户积累土地，积极回应土地社会运动。增强公共意识，推动极度贫困儿童完成 9~10 年的良好教育，同时推广学徒制以培养娴熟的劳动力。寻求以区域发展为目标的城市化新路径，支持移民和其他从极度贫困地区的人口流入或流出。
全球贫困治理机构	采取积极的措施支持最贫困人口的财富积累。为低收入国家和贫困高发的中等收入国家提供充足的、稳定的、持续的援助。签订贸易协定，通过打造劳动力密集型价值链推动经济繁荣。帮助各国实施瞄准性现金转移和就业保障制度，并将其作为整体的反贫困策略或综合性社会援助项目的一部分。	承担将成功的社会保障制度推广到低收入国家税收系统中的初期成本。支持普惠式医疗和灾害风险管理。优先为脆弱国家提供支持，包括为公民的国家行动提供支持（"孟加拉模式"）。创造全球公共产品，满足贫困人口的需求。	当社会行动或政府提出激进的土地改革方案时，采取长期视角。在发展中国家层面这个新的反贫困前线上持续开展工作。

相关利益者	对抗长期贫困	消弭贫穷化	维持减贫成果
公民社会组织	为长期贫困人口展开政治游说，对抗歧视。 认识到极度贫困人口需要帮助，他们无法绝对地自力更生。 支持实现社会变革的社会运动。	在脆弱国家通过全球 NGO 来支持社会组织的发展，在这些国家"孟加拉模式"可能尤为适用。 为应对社会排斥、歧视和多维不平等的政策和项目培育公众共识。	支持并发动有关土地议题的社会运动。 教育 NGO 可以通过试点项目展示极度贫困儿童能够通过充分的教育帮助家庭脱离贫困，从而获得大规模的投资。
私人部门	引入和加强劳动标准和其他道德标准。 农业企业与小农合力推动合同农业和其他创新的生产方式，实现规模经济。 支持最贫困农户进行资产构建。	帮助大中型企业抵御因灾害和气候带来的投资风险。 构建气候保险和其他保险体系（如养老、身故、健康等），满足极度贫困人口的需求。	扩大并强化志愿制度和标准。 与政府一道推进学徒制度正式化，确保乡镇企业能够培养劳动力市场所需的技术人才。

资料来源：《国际减贫理论与前沿问题 2016》。

3. 国际减贫实践

国际社会主要有四种减贫实践，包括由国际货币基金组织和世界银行制定的减贫战略文件（Poverty Reduction Strategy Papers，PRSPs）、许多国家引进的有针对性的社会保障项目、联合国制定的千年发展目标（MDGs）和 2030 可持续发展议程（郭烁，2011；左常升、谭卫平和张德亮，2016）。

（1）减贫战略文件。减贫战略文件为低收入国家提供了实现经济增长和减贫的政策建议。减贫战略文件是 1999 年为加强债务减免和减贫之间的联系，而将受援国拟定的战略报告作为重债穷国（Heavily Indebted Poor Countries）获得援助资金的依据，其重点在于减轻这些国家的债务，同时帮助它们实现经济增长和减贫。减贫战略文件形成了一个框架，旨在确保由债务减免而释放的资源能够被用于减贫。同年，国际货币基金组织推出了减贫与增长基金（Poverty Reduction and Growth Facility，PRGF），继而成为提供贷款的重要工具。减贫与增长基金设立的本意在于支持减贫战略文件所设定的经济增长、减少贫困等目标。但在实践中，它还是仅用以实现财政稳定。这些政策虽更有利于贫困人口脱贫，但不利于经济增长，特别是不利于基础设施投资等相关活动的开展（Gott-schalk，2008；Thirlwall，2007）。

（2）针对贫困人群的社会保障项目。20 世纪 80 年代，迫于财政压力和对精英掌控资源的批判，许多发展中国家改变了社会保障政策的覆盖面，减少了对整体社会保障目标的强调而更重视对贫困人口的保障。尽管这些针对贫困人口的保障项目使一些国家或地区实现了减贫、持续性消费和鼓励劳动市场参与的目标，但是这种方式仍有缺陷。首先，识别出最需要帮助的人群并让政策覆盖到他们，需要一定的国家行政能力，而低收入国家往往不具有此种能力，或由于行政结构调整和公共部门裁员而使这种能力遭到削弱。其次，当贫困普遍存在时，选定目标人群这一做法不太可能取得重大进展。此外，如果上述项目没有与更广泛的战略相联系，它们可能还会加剧社会对贫困人口的排斥。

（3）千年发展目标。2000 年 9 月，在联合国千年首脑会议上，世界各国领导人就消除贫穷、饥饿、疾病、文盲、环境恶化和对妇女的歧视，商定了一套有时限的目标，即消灭极端贫穷和饥饿；普及小学教育；促进男女平等并赋予妇女权利；降低儿童死亡率；改善产妇保健；与艾滋病毒/艾滋病、疟疾和其他疾病做斗争；确保环境的可持续能力；全球加强合作促进发展。这些目标被置于全球议程的核心，统称为"千年发展目标"。千年发展目标的完成时间是 2015 年——这是一幅由全世界所有国家和主要发展机构共同描绘的蓝图。

千年发展目标承认贫困具有多元的内核，指出远不能简单以收入来定义贫困。且不论在世界一些地区，人们未必可能每日依靠 1.25 美元生存，此种确定贫困线的方式也不能反映脆弱和丧失尊严给贫困国家人们生活带来的痛苦。这些顾虑在千年发展目标的结论中得到体现，如促进初等教育的普及、减少母亲和儿童的死亡率、促进性别平等和缓解重大疾病负担。尽管会议议程较为模糊，但是千年发展目标还是表现出了对社会发展的关切。

（4）2030可持续发展议程。2030可持续发展议程在千年发展目标的基础上提出在世界范围内终结极端贫困的宏伟目标，具体涵盖17个可持续发展目标及169个具体目标，其重点是消除贫困和饥饿，促进经济增长；全面推进社会进步，维护公平正义；加强生态文明建设，促进可持续发展。

可持续发展目标将承接千年发展目标，到2030年消除一切形式的贫困。这一目标包括帮助弱势人群，增加他们获得基本资源和服务的渠道，并帮助受冲突及气候灾害影响的社区；到2030年消除一切形式的饥饿和营养不良，保证所有人——尤其是儿童及其他弱势群体享有充足且营养的食物；到2030年，结束艾滋病、肺炎、疟疾及其他传染性疾病的蔓延；到2030年确保所有学童完成免费的初等及中等教育，并提供平等、廉价的职业培训，消除教育的性别差距和贫富差距，让每个人都有机会接受优质高等教育；给予女性享有土地等经济资源的平等权利。

三 贫困治理的政策选择

制定贫困治理政策的关键是提倡一种能够创造和维持让不同收入水平、性别、种族和地位的人都能获得体面工作的经济增长和结构转变模式（郭烁，2011）。

1. 从就业入手治理贫困

由于贫困是结构性问题，所以反贫困政策可从结构上寻找贫困治理的突破口，即通过经济增长和结构性变迁，提供可持续性的就业岗位，从而产生生产性就业岗位、提高收入和增进人们的福祉，进而实现经济增长和结构转变的减贫目标。在结构性治理思路下，就业作为一种参与和共享经济增长的重要途径，只要人们均能获得报酬合理的工作，他们就能够摆脱贫困、参与社会保险计划，从而增进福祉、提高教育和卫生水平。

经济增长或者工业化本身并不必然引发社会在就业、收入和福祉方面的持续性改善。传统富裕国家的结构转变模式是，以经济增长促使国家从农业型向工业型转变，以及从工业型向服务业型转变。但是，在缺乏明确的导向政策的开放型经济体中，传统富裕国家的模式是难以复制的。在许多国家，自由市场往往与劳动力市场不平等的加剧、持续性的非正规就业和不稳定的就业模式相联系。有两种经济增长途径产生了高度分隔和不平等的劳动力市场，一是在农业和服务业里，由低生产率活动驱动的经济增长途径，二是当结构转变在第一产业受阻时，由矿业出租所驱动的经济增长途径。在这些经济模式下，贫困人口往往被排除在有活力的经济增长部门之外，贫困可能表现为以下形式：持续性失业、低收入和低保障的兼职工作、更长的低薪酬工作时间、普遍的不充分就业、非正规部门和农业活动的低收入。

从就业入手治理贫困的思路主要面临三方面的挑战。第一，全球化削弱了农业和工业之间的有机联系。在贫困率较高的最不发达国家，农业和工业因为全球化趋势而陷入了停滞。第二，技术变革和生产力增长的来源正日益由外国公司决定，从而减少了对劳动力的需求。第三，新自由主义思想强调财政紧缩、私有化和自由化，在这个框架内，就业被视为经济增长的副产品，并不需要直接的政策支持。

实现以就业为中心的结构变革，政府可以从以下几方面入手：实行妥善安排的工农业政策，加强农业部门与工业及其他经济部门的联系；通过扩大国内生产，刺激和维持适当的劳动力需求水平；加大对基础设施、教育、培训和研究等行业的投资，提高人口的技能、生产率及流动性；经济增长缓慢时期的宏观经济框架，应避免"顺周期性政策"或限制性的货币和财政政策。此外，国际社会应向最不发达国家提供援助，减少它们应对商品价格和利率波动时的脆弱性、逐步免除对富裕国家的农业补助以及向最不发达国家提供更多进入富裕国家市场的机会。

2. 消除高度不平等

在高度不平等的背景下，经济增长常常集中在使精英阶层受益的部门，而贫困人口很有可能被排除在市场机会之外，或者难以从经济增长中受益。即使在经济增长的情况下，高度不平等会使减贫变得更加困难。第一，它会加大将贫困人口和弱势群体纳入经济增长过程的难度，因为不平等限制了他们的生产能力。第二，在高度不平等的社会，贫困人口更有可能单纯为生计而奔波。这可能会限制国内市场的规模，从而破坏持续增长的潜力。第三，高度连锁式的不平等可能损害公民的正当权利、助长犯罪行为以及使社会陷入纷争。第四，高度的不平等可能创造仅维持精英阶层在政治、经济和社会方面特权的体制，并使贫困人口落入贫困陷阱而无法脱离。因此，贫困与高度不平等必须被理解为同一问题相互关联的两个方面。

群体成员关系是人类发展所固有的，当结构转变所带来的收益和成本与人们的种族或宗教归属，或者人们的地理位置产生对应关系的时候，个人可以感受到这些差异的存在。这些不平等可能是冲突的根源，并对人们的福祉产生不利影响。国家能够采用一系列的再分配政策来解决不平等的问题，包括为贫困人口（根据性别、种族和其他相关特征的不同）提供更多获得生产资料的机会；在政策框架内为弱势群体寻求扶持政策，将所有公民都纳入国家发展和福利计划；刺激农村基础设施投资，开发公共项目；坚持财政改革，加强税务管理，防止偷税漏税，推进累进税制和再分配。

3. 变革社会政策体系

综合的社会政策对于成功实现减贫尤为重要。对试图催生变革的社会政策来说，它不能仅发挥一种边缘的作用，相反，它应当关注更广泛的经济、社会和政治目标，如分配、生产与再生产。若非如此，社会政策仅寻求一个目标而忽略其他，最终仍会损害贫困人口的利益。例如，一国如果只采用再分配政策而忽略了社会政策的生产方面，可能会使国家经济陷入危机，产生高通胀，最终恶化贫困人口的处境。同样，如果社会政策过度关注生产，那些处于弱势地位的人口或者被排除于劳动力市场之外的人口可能会遭受不利影响。

通常情况下，贫困的减少与仅针对贫困本身的政策关系较少，而与那些针对更广泛社会目标的政策联系更大。确实，在一些已经成功解决贫困问题的国家，减贫只是引进社会政策的众多目标之一。在北欧和东亚国家，更为广泛的社会目标，包括平等、充分就业、团结和社会建设，已经对减贫产生了深远的影响。最近几年，一些国家在没有制定更为明确的减贫战略之前，贫困程度就已经大幅度下降。事实上，一些人认为仅狭隘地关注贫困可能会对更彻底和长远地消除贫困起到反作用。

一项有效的社会政策应致力于增强经济政策的再分配效应；保护人们不会因失业、怀孕、患病和年老而遭受收入损失或增加其他开支；增强个人、群体和社会的生产能力；减少经济增长和社会再生产的负担，包括由女性承担的相关照料工作。这表明社会政策最多只能是变革性的，且不能与以就业为中心的经济增长以及结构转变的努力相分离，因为这些政策允许更多的人加入社会保险计划，而社会保险计划是对各阶层、群体收入的再分配。以就业为中心的经济增长和结构转变同样促进了普遍社会服务的提供和源自公共收入的补充社会援助项目资金的提供。

4. 国家在社会政策框架下的协同治理

社会政策可以为经济增长和社会福利做出贡献。它对那些已经经历深远结构转变和减贫得力的国家而言，也是增长策略的一个组成部分。即使在就业水平很高的时期，社会政策在人们摆脱贫困的过程中也发挥重要作用。事实上，全世界范围（包括高收入国家）所提供的证据显示，在执行社会政策之后，这些国家的贫困水平急剧下降，其中为实现政策的全民覆盖而采取了综合社会政策的国家的贫困水平降幅最为明显。

尽管千年发展目标的根本目的在于促进社会发展，但它们并没有提出一种社会政策框架以实现这些目标和发掘它们之间的协同作用。为实现千年发展目标，许多国家（有时在资助者的援助下）已经开始引进有针对性的社会援助项目。在这些项目成功建立、稳定发展且覆盖大量人口的国家，减贫效果往往是好的。而对于那些普遍存在贫困与剥削的国家，这种针对性项目不太可能在减贫的道路上取得重要和持续性的进展，也无法获得需要高质量服务的中产阶级的支持，他们同时会责难贫困人口获得了不合理的服务。

政府应当关注不同领域制度和政策相互联系的方式，以及它们在处理具体问题时的协同作用。一项制度或政策在某一特殊领域的成功可能会引起或要求互补性的制度或者其他政策的出台。在某一领域坚持实施一系列政策而忽略其他政策，可能会损害既有政策利益的全面实现。例如，如果国家只追求以就业为中心的经济增长，那么弱势群体或者被劳动力市场排斥的群体可能会受到不利影响。同样，如果社会政策从生产动力中分离，那么支持社会政策的资源可能不会生成，而如果社会项目进一步扩张，经济可能会遭遇通货膨胀或危机，最终使贫困人口的状况进一步恶化。此外，成功动员公民的政策如果未能扩大生产能力，可能会产生政治不稳的结果。为实现制度上的互补，需要但不应简单地将互补政策的出台归结于制度或政策的连贯性，因为制度或政策是基于主流价值的产物。在协调活动中市场机制和非市场机制权重的差异以及权力结构的差异已经随历史逐渐演变，因此不同部门以及分部门之间协同作用的发挥对于减贫和缩减不平等十分重要。但这样的协同关系并非自动生成的。它们需要被刻意设计，既需要经济政策和社会政策作为支撑，也需要足够强大的联盟作为后盾，以帮助协同关系的实现。

四　亚洲贫困治理的基本模式

2020 年 12 月 15 日博鳌亚洲论坛发布《亚洲减贫报告 2020》，总结了亚洲国家在过去几十年的发展中形成的不同类型的减贫机制，提出亚洲贫困治理的四种基本模式：国家主导型减贫模式、全部门益贫增长减贫模式、外部投资带动减贫模式、福利转移型减贫模式。

1. 国家主导型减贫模式

国家主导型减贫模式是亚洲国家普遍采用的一种贫困治理模式，其主要特点在于国家和政府通过对市场进行强有力的干预来实现经济增长和减贫的优先目标。其基本特征如下。（1）国家主导经济发展的意愿和能力较强。国家通常将经济增长作为国家发展的优先目标并制定明确的经济增长目标。（2）自主有效的行政官僚系统。行政系统的自主性和有效性关系到经济发展和减贫政策能否突破各种利益集团影响而得到有效实施。（3）制定选择性的产业政策。这类国家往往根据自身的比较优势来制定和实施产业政策以推动经济发展和广义上的减贫。

亚洲很多国家或多或少采用了国家主导型减贫模式，但也出现了不同的亚类型。第一，早期工业化国家如日本，表现出官僚与市场有效结合的特点，依靠良好的政商关系推动特定产业的发展从而实现整体经济发展目标。韩国、新加坡等国家也遵循了这一国家主导型减贫模式。第二，中国、越南等国家主要依靠强有力的政党与行政机构的结合，来推动经济体制转型、资金引进、基建提供、产业发展乃至减贫等各项艰巨的发展任务。中国减贫过程中特别突出的做法是采取了精确瞄准到地区、社区乃至人口的方式，并依据致贫原因调动各方资源实施针对性的扶贫措施。第三，印度、柬埔寨等国家也具有国家主导型减贫模式的特点，如拥有长期执政党派和强烈的发展意愿、拥有精英官僚系统、制定了雄心勃勃的产业政策，但地区、阶层、宗教等复杂因素，一定程度上影响了减贫效果。

2. 全部门益贫增长减贫模式

在发展中缓解和消除贫困，是许多亚洲国家减贫的基本模式。这一模式的主要特点是，在发展的早期一般不进行大规模的现金转移和福利分配，而主要依靠经济增长带动减贫。在国家强有力主导下的全部门益贫增长减贫模式是其中减贫效率较高的一种模式。中国的减贫工作就主要基于这样的模式开展的。这一模式具有五个基本的特征。（1）国家的强有力主导，一方面为穷人在经济增长中受益创造条件，即开发式扶贫，另一方面在不平等增加的情况下通过政府强有力的干预进行收入再分配。（2）在经济增长中首先驱动农业增长。（3）在农业增长之后将农业增长的剩余有机地与农村工业化和工业化相连接。（4）益贫性城市化。（5）社会公共服务均等化。

除了中国以外，亚洲的发达国家和一些发展中国家也都不同程度地采用了这一模式的部分要素，如韩国的工业化过程也具有明显的全部门益贫增长减贫模式的特征。

3. 外部投资带动减贫模式

全球化在亚洲地区形成了经济发展的两大驱动力。一是发达国家在亚洲地区的投资推动了经济发展。其中日本和韩国的投资效果最为明显，且投资大多集中在劳动密集型产业。二是中国在过去几十年中经济迅速增长，成为亚洲地区最活跃的经济增长引擎。中国对亚洲国家的投资更接近亚洲国家的实际，直接带动了亚洲国家的经济增长并加快了减贫进程。在这样的条件下，亚洲的减贫模式以外部投资带动的减贫模式为主。越南、孟加拉国、印度、柬埔寨、印度尼西亚、菲律宾等国家都采用了该减贫模式，其主要特点表现在以下几个方面。

（1）通过发展劳动密集型加工产业，带动劳动力收入增长，促进收入的初次分配进而增加家庭收入。（2）注重初次收入分配的减贫效果。（3）基础设施随着加工制造业的物流需求增多而改善。（4）既提高经济发展水平，也把减贫放在重要位置。全部门益贫增长减贫模式是从农业的增长开始，并且通过农村工业化和小城市的发展与加工工业和大规模的城市化共同连成一个有机的益贫增长的整体。与全部门益贫增长减贫模式不同，外部投资带动减贫模式则主要通过发展加工工业等劳动密集型产业带动农村就业。因此，这种模式虽然同样"益贫"，但是因受外部投资影响而具有不稳定性。

4. 福利转移型减贫模式

教育和健康等领域公共服务的提供对于一个国家的长远发展具有关键的作用，这种服务的提供既属于人力资本投资，也属于社会福利转移的范畴。事实上，福利转移的范围更为宽泛，不仅包括教育、健康等领域的公共服务，也包括最低生活保障体系。亚洲的福利转移型减贫模式有一些共同的特点，如福利方面的公共支出较低，国家的作用仅是促进性、管理性和支持性的；社会福利政策常以经济发展为导向，呈现出生产主义的特点；不太强调福利国家的概念，强调家庭的作用。亚洲的福利模式从政府干预、规模和供给原则方面，大致可以分为三种类型：政府促进型，政府在社会福利政策中只起促进和调节作用；广覆盖的发展主义类型，这类福利模式强调供给的普遍性原则（如日本、韩国）；针对特殊群体的生产主义类型，国家制定社会福利政策，强调有限的公民福利（如新加坡）。目前，越来越多的国家采取福利转移的政策措施，包括中国在内的很多亚洲国家都在调整发展理念，将经济发展成果更多转化为国民福利。

以上四种模式在减贫实践中往往混合使用。例如，中国既有国家主导型减贫模式，也有外部投资带动的减贫模式，在消除绝对贫困的脱贫攻坚阶段还采用了大量的福利转移型模式。越南、印度、孟加拉国等国的减贫工作，也都综合采用了各种模式。

参考文献

〔印度〕阿马蒂亚·森. 以自由看待发展 ［M］.任赜，于真译. 中国人民大学出版社，2002：85.

〔印度〕阿马蒂亚·森. 贫困与饥荒 ［M］.王宇，王文玉译. 商务印书馆，2004：26.

〔瑞典〕冈纳·缪尔达尔. 世界贫困的挑战：世界反贫困大纲 ［M］.顾朝阳等译. 北京经济学院出版社，1991.

〔美〕拉格纳·纳克斯.不发达国家的资本形成问题 ［M］.谨斋译.商务印书馆，1986.

〔英〕皮特·阿尔科克，玛格丽特·梅，凯伦·罗林森.解析社会政策（上）：重要概念与主要理论 ［M］.彭华民等译.华东理工大学出版社，2017：221.

陈建勋.从纳克斯的"贫困恶性循环论"所想到的 ［J］.上海经济研究.1988（2）.

郭烁.反对贫困与不平等——结构变迁、社会政策与政治 ［J］.清华大学学报（哲学社会科学版），2011，26（04）：5-23+159.

黄承伟，刘欣，周晶.鉴往知来——十八世纪以来国际贫困与反贫困理论评述 ［M］.广西人民出版社，2017.

李宝良，郭其友.因果关系的实地实验与新实证发展经济学的贫困治理之道——2019年度诺贝尔经济学奖得主主要经济理论贡献述评 ［J］.外国经济与管理，2019（11）.

联合国开发计划署.1997年人类发展报告 ［R］.1997：83.

林闽钢.相对贫困的理论与政策聚焦——兼论建立我国相对贫困的治理体系 ［J］.社会保障评论，2020，4（01）：85-92.

刘建飞，郑嘉伟.全球贫困治理的基本状况、理论探索与实践经验 ［J］.内蒙古师范大学学报（哲学社会科学版），2020，49（04）：47-53.

罗江月，唐丽霞.扶贫瞄准方法与反思的国际研究成果 ［J］.中国农业大学学报（社会科学版），2014（4）：10-17.

世界银行.1990年世界发展报告 ［M］.中国财政经济出版社，1990：52.

世界银行.2000/2001年世界发展报告：与贫困做斗争 ［M］.中国财政经济出版社，2001：67.

施锦芳.国际社会的贫困理论与减贫战略研究 ［J］.财经问题研究，2010（3）：113-120.

杨立雄，谢丹丹."绝对的相对"抑或"相对的绝对"：汤森和森的贫困理论比较 ［J］.财经科学，2007（1）.

姚力.贫困与反贫困的学术视野与研究进路——《鉴往知来——十八世纪以来国际贫困与反贫困理论述评》 ［J］.中国农业大学学报（社会科学版），2017，34（05）：127-130.

叶普万. 贫困经济学研究：一个文献综述 [J]. 世界经济，2005（09）：70 – 79.

张永丽，沈志宇. 贫困与反贫困问题研究述论 [J]. 西北民族大学学报（哲学社会科学版），2020（04）：129 – 140.

章元，段文. 相对贫困研究与治理面临的挑战及其对中国的启示 [J]. 国外社会科学，2020（06）：57 – 65.

周怡. 社会情境理论：贫困现象的另一种解释 [J]. 社会科学，2007（10）.

左常升主编，谭卫平、张德亮副主编. 国际减贫理论与前沿问题 2016 [M]. 中国农业出版社，2016：77 – 94.

Bowen G A. An Analysis of Citizen Participation in Anti-Poverty Programmes [J]. Community Development Journal, 2008（1）：733 – 744.

Bradshaw T K. Theories of Poverty and Anti-Poverty Programs in Community Development [J]. Community Development, 2007（1）：7 – 25.

Chamber R. Poverty and Livelihoods：Whose Reality Counts？Environment and Urbanisation, 1995（7）：173 – 204.

Couch K , Smeeding T M and Waldfogel J. Fighting Poverty：Attentive Policy Can Make a Huge Difference [J]. Journal of Policy Analysis and Management, 2010, 29（2）：401 – 407.

Dubois U. From Targeting to Implementation：The Role of Identification of Fuel Poor Households [J]. Energy Policy, 2012, 49：107 – 115.

Gans H J. The Positive Functions of Poverty [J]. American Journal of Sociology, 1972, 78（2）.

Gash A A. Collaborative Governance in Theory and Practice [J]. Journal of Public Administration Research and Theory, 2008, 18（4）：543 – 571.

Gottschalk R. The Effectiveness of the Macroeconomic Frameworks of the PRSPs for Growth and Poverty Reduction, UNRISD Flagship Report：Combating Poverty and Inequality, 2008.

Kuznets. Economic Growth and Income Inequality [J]. The American Economic Review, 1955（1）：45.

Li Y, Conwayd D, Wu Y, etal. Rural Livelihoods and Climate Variability in Ningxia, Northwest China [J]. Climatic Change. 2013, 119：891 – 904.

Lewis O. Five Families: Mexican Case Studies in the Culture of Poverty [J]. Hispanic American Historical Review, 1996, 41 (1).

Lewis O. The Culture of Poverty [J]. Scientific American, 1966, 215 (4): 19 – 25.

Midgley J. Microenterprise, Global Poverty andSocial Development [J]. International Social Work, 2008, 51 (4): 467 – 479.

Orshansky M. Counting the Poor: Another Look at the Poverty Profile [J]. Social Security Bulletin, 1965, 28 (1): 3 – 29.

Ravallion M. The Idea of Antipoverty Policy [J]. Handbook of Income Distribution, 2015 (2): 1967 – 2061.

Rowntree B S. Poverty: A Study of Town Life [M]. Macmillan, 1902.

Sawhill I V. Poverty in the US: Why Is It So Persistent? Journal of Economic Literature, 1988, 26 (3): 1073 – 1119.

Sen A. A Sociological Approach to the Measurement of Poverty: A Reply to Professor Peter Townsend [J]. Oxford Economic Papers, 1985 (4): 669 – 676.

Sen A. Poor, Relatively Speaking [J]. Oxford Economic Papers, 1983 (2): 153 – 169.

Thirlwall A P. The Least Developed Countries Report 2006: Developing Productive Capacities [J]. Journal of Development Studies, 2007 (4): 766 – 778.

Townsend P. Poverty in the United Kingdom [M]. University of California Press, 1979.

Townsend P. A Sociological Approach to the Measurement of Poverty—A Rejoinder to Professor Amartya Sen [J]. Oxford Economic Papers, 1985, 37 (4): 659 – 668.

Uphoff N. Grassroots Organizations and NGOs in Rural Development: Opportunities with Diminishing States and Expanding Markets [J]. World Development, 1993, 21 (4): 607 – 622.

World Bank. Poverty and Shared Prosperity 2020 [M]. World Bank Publications, 2018.

专题二
贫困治理的国别比较

贫困问题一直是制约世界经济健康良性发展的顽疾，而消除贫困更是被列为《联合国千年宣言》首要的千年发展目标。世界各国为了治理贫困采取了多种方式，制定了多项政策、方案和计划等，这些治理模式既存在一些共识，同时也呈现出不同的国别特征，为我国的贫困治理提供了积极的借鉴和启示。

第一节　各国贫困治理概况

为了解决贫困问题，各国在因地制宜的前提下，往往多措并举，通过提供社会救助和社会保险等提高社会福利水平，并通过鼓励就业、扩大国内市场开发与吸引外资等促进就业和经济增长。

一　发达国家和地区贫困治理概况

美国和欧洲等发达国家和地区的贫困治理以提高社会福利水平为主要途径，并根据贫困问题和贫困人口的特征制定相应的社会保障方案。

1. 美国贫困治理概况

美国政府制定统一的贫困标准，对贫困家庭进行认定，并根据贫困人口的特征采取相应的贫困治理措施。美国主要依据家庭的基本生活支出水平确定当年贫困线。家庭基本生活支出包括食物、住房、衣物等基本生活实物支出和必要的服务支出。在全国实行统一的贫困标准的同时，美国政府统筹考虑家庭人口规模、65 岁及以上老年人数量、18 岁以下子女数量三个因素，对贫困标准加以细分，形成一个贫困标准体系，使各类家庭能够对号入座，找到对应自身情况的贫困标准线。此外，美国依托税收系统对贫困家庭的申请进行审核，以此认定扶贫对象。（王立和王凯，2019）。针对认定的贫困人口，美国政府主要采取了以下扶贫措施。

一是构筑美国联盟安全网。美国联邦安全网由 8 个联邦机构管理的 13 项保障计划构成，包括可退还税收补贴计划；补充营养援助计划；住房援助计划；补充保障收入计划；儿童营养计划；启蒙计划；工作培训计划；妇女、婴儿与儿童计划；低收入家庭能源援助计划；通信计划等。这些保障计划为贫困人口提供税收、收入、住房、子女教育以及通信等方面的补贴和援助。除联邦安全网外，美国还为国民提供了四项健康保险计划：医疗保险、医疗补助、儿童健康保险计划和可负担医疗法案市场补贴，以减少因病致贫、因病返贫的现象（左停、李世雄和武晋，2020）。

二是引入社会力量参与贫困治理。在政府引导下，美国的非政府组织在汇集扶贫资源、执行物资分发任务等方面扮演了积极角色。一些非政府组织接收爱心人士或食品厂家无偿捐赠的食品，并在保证食物可安全食用的前提下，向贫困人口免费发放；一些非政府组织主动向社会发起募捐，对收到的衣物等物品进行分拣和无害化处理后交给特定卖场低价销售，并将所得收入用于开展贫困人口免费就业培训以及其他的支持活动（王立和王凯，2019）。

三是采取开发型的城市贫困治理模式。当前城市扶贫政策主要聚焦于工作福利，将救助与就业联系在一起，旨在帮助贫困者实现经济上的独立以结束贫困的恶性循环，凸显就业在根治贫困问题中的决定性作用。在扶贫政策工具上，一方面，美国联邦政府减少福利项目，降低救助标准，要求领过 2 年津贴的受援者必须参加工作，成年受援者每周至少工作 20～30 小时，或从事与求职有关的活动，不符合要求的受援者将面临减少或终止援助等处罚。另一方面，美国联邦政府完善相关配套制度，鼓励贫困者重回劳动力市场，在扩大就业的基础上对贫困者给予有限的临时救助，并加大收入所得税抵免力度（韩莹莹、李蓓和蔡丽蓉，2020）。

2. 欧洲贫困治理概况

欧洲深受合作主义与普惠性思想影响，实行高福利政策，并为国民提供完善的福利保障，故欧洲地区的贫困更多表现为相对贫困，且贫困的出现多与失业相关联。近年来，欧洲推行积极的劳动力市场政策，通过降低福利待遇和放松劳动市场保护以激发市场活力、提高就业灵活性、建设就业导向型制度。但在降低失业率、提升就业灵活性的同时，非全职就业人员的增加带来就业质量的下降，进而出现工作贫困，部分劳动者即使实现就业也难以摆脱贫困。

为解决工作贫困问题，丹麦、荷兰等欧洲国家提出并实行"灵活保障"政策，即灵活的劳动力市场、慷慨的失业保障与积极的劳动力市场政策（"丹麦金三角"）。灵活的劳动力市场降低了雇主解雇与雇员离职的约束，并通过灵活、可信的合同保障双方利益；慷慨的失业保险金能够为劳动者提供足够的收入而使其无须担心由工作变动引发的收入中断；积极的劳动市场政策提供针对性的技能培训和能力拓展，并为失业者重返工作岗位提供多种便利。丹麦的"灵活保障"政策不仅缩短了劳动者的平均失业时间，提升了其职业技能与收入水平，还降低了劳动力市场的交易成本。荷兰的"灵活保障"政策侧重于增加外部就业灵活性，并将就业灵活性与福利国家扩张有机结合，从多个维度放松政府管制、释放市场活力，着重构建收入保障与综合保障，打破了标准工作与非标准工作的界限，实现了不同劳动者间的权利平等。荷兰通过改革为劳动者和企业家提供兼容方案，在促进灵活就业的同时加强失业保障，实现了灵活就业正规化，保障了非全职劳动者同样享有统一的最低工资和休假标准以及国家养老金待遇，在维持较高就业率的同时显著缓解了工作贫困（左停、李世雄和武晋，2020）。

英国社会保障制度中的救助政策鼓励低收入人群积极就业，规定失业者在领取救助的同时必须积极寻找并接受所有合理的就业机会。英国扶贫政策的主客体更加多元化，扶贫政策逐步由传统的"政府无责任"阶段演变为"政府有限责任/强责任"阶段，并最终走向现代国家主导下的"多元主体共同责任"阶段。一方面，贫困者要积极主动地依靠自身力量脱贫。另一方面，扶贫政策秉持"普遍保障"原则，所有公民不论贫富都被纳入国家保障体系中，每一个公民都是政府的救助对象，均能获得国家保障。例如，国家医疗服务体系面向全体国民，且其中大多数医疗服务是免费的，医疗服务根据患者的需求而不是支付能力来提供，以保证贫困者也能享受到应有的服务（韩莹莹、李蓓和蔡丽蓉，2020）。

3. 韩国贫困治理概况

韩国的社会保障政策聚焦老年贫困群体。韩国政府在积极构建多层次养老保障体系的同时，为老年人提供再就业机会以增加其收入来源，缓解老年贫困。韩国多层次养老保障体系由四大支柱构成，一是非缴费型基础年金；二是国民年金与特殊职业年金；三是强制性退休年金；四是提供税收优惠的个人商业养老保险制度。此外，政府还发展老人职业岗位事业，为老年人提供公益型、教育型、福利型、孵化型和人力派遣型等不同类型的职业，并依据不同岗位发放相应的薪酬。对于技能较弱的贫困老人，政府开办老年培训学校，使之具备再就业能力。

4. 俄罗斯贫困治理概况

针对贫困人口中家庭子女多、失业者和残疾人占比大，收入低于贫困线的工作者比例高，小城市和农村贫困问题突出，社会不平等和贫富差距大等问题，俄罗斯协调各个部门共同制定了一套减贫方案，初步形成了贫困治理体系。一是制定国家减贫目标。2018 年普京签署总统令，提出了包括在 2024 年以前将俄罗斯贫困人口减少 1/2、保证居民收入稳定增长、退休金的增长幅度高于通货膨胀率等 9 项国家目标在内的战略发展任务。二是提高居民收入，促进经济增长。相关的政策内容包括在未来 6 年内不改变企业的税收待遇，从而为投资规划提供更广阔的空间；支持中小型企业的项目，各地区有权提供投资减税和三年企业所得税减免服务；改革监察和监督工作，改善企业经营环境等。三是推行试点项目，完善社会保障体系。与贫困家庭签订"社会契约"，建立国家统一的社会保障信息系统，并加大对有子女的贫困家庭的社会帮扶。

二　发展中国家和地区贫困治理概况

1. 非洲地区的贫困治理概况

在实现民族独立后，摆脱贫困、促进经济增长一直是非洲地区发展和建设的重要任务。20 世纪 90 年代以来，乌干达、坦桑尼亚、莫桑比克、肯尼亚等 30 余个非洲国家从国家发展战略的高度审视贫困问题，并制定了相对具体的、具有现实针对性的减贫战略，以促进非洲地区减贫事业的发展。一是政治层面的减贫实践。首先，非洲各国执政党纷纷将减贫工作纳入自身施政纲领和执政目标之中，制定了中长期减贫战略，为减贫工作奠定了制度基础。其次，非洲各国政府成立以减贫为工作重心的部门，以完善国家减贫工作体制机制，提高国家减贫工作能力，确保国家减贫工作顺利进行。二是经济层面的减贫实践。一方面，通过调整财政支出结构，加大对减贫工作的财政投入，以改善教育、医疗、公共卫生及交通等基础设施的建设水平，更好地为国民特别是贫困群众提供公共服务，以达到国家减贫目标。另一方面，加大信贷资金投入，扶持产业发展。以农业为例，南非、津巴布韦、塞内加尔等国家积极推进土地改革，确保众多穷困人口能够获得土地；政府积极出台多项惠农政策，开展农业技术培训，不断提高农业生产效率。不仅如此，非洲各国还设立专项信贷资金，扶持中小企业发展，以增加就业机会。三是有针对性的减贫实践。非洲各国政府根据贫困的原因,采取具有针对性的减贫措施。例如,加纳政府建立国家医疗卫生保险制度、实施普及免费义务基础教育计划,乌干达政府建立涵盖基础教育、职业教育与培训、特殊教育的国民教育体系。

除了非洲各国自身的努力外,国际援助在促进非洲减贫方面也发挥了重要作用。联合国、世界银行、国际货币基金组织(IMF)及一些主权国家都发挥着不可替代的作用。当前,国际社会对非洲各国的援助主要以官方发展援助、债务减免、技术援助、人道主义援助的方式开展(刘建飞和郑嘉伟,2020)。

2. 拉美地区贫困治理概况

20世纪90年代以来,以巴西和墨西哥为代表的拉美国家开始推出"有条件现金转移支付计划"(CCT),并取得了一定的减贫成效。根据世界银行出版的《2015年社会安全网状况》,2014年在全球63个实施"有条件现金转移支付计划"的国家中,拉丁美洲占了22个。拉美国家的社会保障体系覆盖面显著扩大,各国贫困状况都有好转,贫困人口数量呈现逐年递减的趋势。"有条件现金转移支付计划"是指"对贫困家庭提供定期的现金补贴,前提是这些家庭要满足一定的要求,如受益家庭必须保证适龄儿童入学并达到一定的出勤率"。当前,"有条件现金转移支付计划"成为拉美各国政府的重要扶贫政策。该政策主要涵盖两个方面,即教育和医疗卫生。在教育方面,国家为贫困家庭提供助学金;在医疗卫生方面,政府每月向贫困家庭提供特定数量的食品补贴,还免费发放一定数量的营养品。但是受惠家庭必须参加不同形式的健康、营养和卫生讲座与培训。该计划的目的在于改变贫困家庭不良的饮食和卫生习惯,提高贫困家庭健康意识,减轻疾病对贫困家庭所造成的负担。不仅如此,为了确保贫困家庭履行CCT所要求的义务,拉美国家还制定了相对严格的违约惩罚机制(刘建飞和郑嘉伟,2020)。

巴西在经历快速的经济增长后,落入中等收入陷阱,不仅经济增长乏力，还面临严重的贫富分化。对此，巴西实施了综合性减贫政策，以缓解社会矛盾、消除贫困。一是实施"有条件现金转移支付计划"；二是实施"零饥饿"计划；三是实施扫盲计划；四是实施多项就业促进计划；五是制定保障性住房计划。总体而言，巴西不仅提升了贫困家庭的脱贫能力，还改善了教育与医疗生态，为长效脱贫减贫创造了有利条件（左停、李世雄和武晋，2020）。同时，巴西也采用"发展极"模式开展减贫脱贫工作，即通过主导部门和具有创新能力的企业在大城市或特定地区聚集发展，形成经济发展中心并对周围地区产生辐射和带动作用，推动其他地区和部门的经济发展，最终使周边地区的贫困人口共享经济发展成果，进而摆脱贫困。

3. 越南贫困治理概况

越南主要采取以下措施来治理贫困。一是制定全面、系统的扶贫政策。从1998年开始，越南先后出台《特困偏远村社实施社会经济项目》等一系列消除饥饿、减轻贫困、定耕定居的扶贫政策。与此同时，中越边境的老街、莱州、河江三省结合实际，因地制宜，分别制定实施综合性扶贫政策，具体包括定耕定居政策、自发移民安置政策、少数民族同胞移民安置扶持政策。二是大力推进新农村建设，助推综合扶贫开发。2011年，老街、莱州、河江三省政府与人民齐心协力建设中越边境新农村，以促进经济社会发展，提高村民的生活水平。三是积极推动边境地区工业与优势产业的发展。2010年，越南集中发展了中小规模矿产开采及加工业，建材、化肥、化工及机器生产，并优先发展加工工业等4个优势产业。四是发展口岸经济、实行企业税收优惠政策，以解决国家在中越边境口岸经济建设中投入不足的实际问题（龙保贵，2017）。

4. 印度的贫困治理概况

印度的贫困治理政策是在满足贫困人口的基本生活需求的基础上以扩大就业为核心。印度直接向贫困人口提供满足其生活的基本物质和服务，如食物、水、医疗卫生服务等。农业歉收和就业率低是印度主要的致贫因素，对此，印度政府一方面积极推行"绿色革命"，引进、培育和推广高产量农作物；开展基础设施建设，发展农村医疗，完善道路、电力等设施建设。另一方面，印度建立了以促进就业为显著特征的减贫政策。印度政府制定的《全国农村人口就业保障法案》规定，由地方政府给未就业人员提供就业机会，如果地方政府不能提供工作机会则由地方政府和中央政府共同为未就业人员提供每日60卢比的补偿。同时，政府还建立统一的劳动力市场以消除就业歧视，并增加生产性就业岗位，使妇女也能从事体面的工作。此外，印度实施基础教育支持工程，整合贫困地区的教师资源，并实施午餐计划以鼓励贫困儿童入学，降低基础教育阶段辍学率；建立健全社会保障制度，实施由国家老年退休金计划、全国家庭福利计划和国家产妇津贴计划组成的全国社会援助方案；加强基础设施建设，补齐贫困地区发展短板，实施落后地区通电、通路工程。

第二节　经验与启示

一　建立健全贫困治理相关法律法规

完善贫困治理相关法律法规，维护贫困群体的基本权益。贫困治理不仅需要政府、公民和其他社会力量的积极参与，还需要健全的法律法规来优化贫困治理的外部环境、规范贫困治理的秩序。发达国家在贫困治理方面一般建立了完善的法律法规，如美国出台《开端计划入学准备法案》以保护弱势群体学生的择校权，进而减少教育不平等；英国的《儿童扶贫法案》设立了儿童扶贫目标，并对实施进度、措施及衡量标准进行监督，对扶贫成效实施绩效考核（刘宇琼和余少祥，2020）。

二　形成全国统一的贫困治理体系

综观各国的贫困治理历程，大多数国家是在治理本国贫困问题的过程中逐渐形成了符合国情的贫困治理体系，这些体系大体上由政府部门、法律法规及转移支付和保险等金融渠道共同构成。例如，美国有"联邦安全网＋社会保险＋就业扶贫"，俄罗斯有"国家减贫目标＋国家减贫项目＋社会契约"，而欧洲以"从摇篮到坟墓"的健全的社会保障体系为主。贫困问题涉及经济、政治、法律、教育、医疗等方方面面，解决这一复杂的社会问题，需要协调多个部门，研究制定统一的战略规划，形成综合性的贫困治理体系。

三　重视教育对贫困治理的积极作用

在贫困治理的道路上，世界各国尤其是发展中国家十分重视教育在减贫进程中的关键作用，因为加强教育，可以从思想上解决贫困问题。美国以及俄罗斯都实施了专门针对学龄儿童的资助计划；非洲的加纳制定免费义务教育计划；巴西为贫困家庭子女提供助学金。21 世纪以来，各国贫困治理的重点逐渐由消除绝对贫困转变为消减相对贫困，而通过教育对贫困人口进行人力资源开发和储备，对消除相对贫困具有重要意义。

四　促进贫困治理主体多元化

贫困治理不是单一的社会问题，不仅需要政府主导，还需要社会各方面的参与和支持。因此，引入社会力量参与贫困治理对解决贫困问题大有助益。企业等社会力量的参与可以降低扶贫的行政成本，同时能够加强社会对贫困治理的监督，提高民众参与度，促进贫困治理的公开化和透明化。此外，社会参与度的提高，也在一定程度上促进政府服务的创新，提高了服务效率。在动员社会力量的基础上形成的多元化的贫困治理机制，可以极大提高贫困治理的成效，美国等西方国家就十分重视企业和社会组织在贫困治理中的积极作用。

参考文献

韩莹莹，李蓓，蔡丽蓉．英美城市扶贫政策的演进及启示［J］．华南理工大学学报（社会科学版），2020（5）．

刘建飞，郑嘉伟．全球贫困治理的基本状况、理论探索与实践经验［J］．内蒙古师范大学学报（哲学社会科学版），2020（7）．

刘宇琼，余少祥．国外扶贫立法模式评析与中国的路径选择［J］．国外社会科学，2020（6）．

龙倮贵．中越边境民族地区扶贫开发政策及实施效果比较［J］．红河学院学报，2017（2）．

王立，王凯．中美扶贫政策和工作机制比较及研究［J］．国际经济合作，2019（3）．

左停，李世雄，武晋．国际社会保障减贫：模式比较与政策启示［J］．国外社会科学，2020（6）．

专题三
中国贫困的特点与治理难点

第一节 中国贫困的特点

中国是世界上最大的发展中国家，人口约占世界总人口的五分之一。庞大的贫困人口和辽阔的国土面积，使得中国的贫困呈现出一系列复杂的特点。中华人民共和国成立 70 多年来，中国政府一直致力于消除贫困，经过五个阶段的扶贫历程，中国的扶贫工作取得了举世瞩目的成就。特别是党的十八大以来，在以习近平同志为核心的党中央的领导下，中国组织实施了人类历史上规模空前、力度最大、惠及人口最多的脱贫攻坚战，在 2020 年完成了消除绝对贫困的艰巨任务，创造了又一个彪炳史册的人间奇迹。但是中国的扶贫工作依然任重而道远，贫困人口全部脱贫并不意味着彻底消除贫困，中国距高标准、高质量脱贫还有很大差距。与此同时，随着中国经济的发展和扶贫工作的不断深入，中国贫困的特点也在不断发生变化，本节将从历史性的角度对中国贫困的特点及其变化进行全面的分析。

一 绝对贫困向相对贫困转变

绝对贫困又被称为生存贫困，是指个人或家庭的经济收入不能维持基本生存的一种严重贫困状况。绝对贫困会给贫困人口带来巨大的痛苦和困扰，而中华人民共和国刚成立时我国绝大多数地区处于绝对贫困状态。根据联合国亚太事务委员会的统计数据，1949 年中国的人均国民收入只有 27 美元，同期的印度为 57 美元，整个亚洲的人均收入为 44 美元；文盲人口占全国总人口的 80%；人均预期寿命只有 35 岁，婴儿死亡率、孕产妇死亡率分别高达 20%、1.5%（郑子青和郑功成，2021）。汪三贵和刘明月（2020）指出中华人民共和国成立时，人均国民收入水平较低，相当于当时美国人均国民收入的 1.8%、苏联的 9.1%、联邦德国的 7.1%、英国的 4.5%、法国的 5.0%，国民普遍处于极端贫困状态。中华人民共和国成立前，占农村人口不足 10% 的地主和富农，占有农村全部耕地的 70%~80%，而占农村人口 90% 以上的贫农、雇农、中农和其他人民总共只占有 20%~30% 的耕地。失去最基本的农业生产资料，为了生存，很多农民只好背井离乡，沿街乞讨度日。至 1949 年，全国农业生产遭到了极大的破坏。根据统计，1949 年全国粮食产量下降到 11318 万吨；人均粮食占有量只有 208 公斤；棉花产量下降到 44 万吨，人均棉花占有量只有 0.82 公斤。

蒲实和袁威（2021）指出在中华人民共和国成立初期，我国的工业发展极度不平衡，东部地区仅占国土面积的 12% 却创造 70% 的工业产值。由于西方国家长期对中国实施禁运政策，再加上自然灾害频发，我国农业和农村发展水平总体低下，大部分人民群众仍处于生存贫困状态。孙照红（2020）也指出在中华人民共和国成立时，国家内部积贫积弱，人民生活困苦不堪。到改革开放初期，我国农村贫困人口仍有 7.7 亿人，贫困发生率仍然较高。汪三贵（2020）将以 2010 年不变价格所计算的年人均收入——2300 元作为中国的贫困标准，估计得到中国的农村贫困人口在 1978 年为 7.7 亿人，贫困发生率为 97.5%，也就是说当时 100 个农村人口里面只有两个人是非贫困人口，其他全部是贫困人口，可见改革开放初期中国农村的贫困问题是非常严重的。

相对贫困是指在当地特定的生产、生活条件下，在特定的经济社会发展约束下，个人或家庭获得的合法收入虽然可以满足家庭成员的基本生存需求，但是无法满足当地条件下所要求的其他基本生活需求的状态。改革开放四十余载，我国的扶贫事业取得了巨大成就，贫困人口规模和贫困发生率均大幅度下降。截至 2020 年末，我国现行标准下 9899 万农村贫困人口全部脱贫，832 个贫困县全部摘帽，12.8 万个贫困村全部出列，凸显了我国农村脱贫规模之大和脱贫速度之快。虽然绝对贫困已经消除，但相对贫困将长期存在，我国将步入以多维贫困为主要特征的相对贫困阶段。

郑会霞（2020）根据世界银行对相对贫困标准的设定以及发达国家的减贫历程和对我国当前形势的判断，指出在快速转型的中国，由于经济发展、结构分化、制度变迁、关系调整等变化，个体社会成员在社会分层体系中所处的位置经历着快速而深刻的变动与调整，我国的贫困结构也发生了明显的变化，绝对贫困人数快速下降，相对贫困人数在快速上升。杨颖（2011）指出 21 世纪以来由城乡二元结构没有根本改变、农村公共品供给不足、农村社会保障不完善等造成的农民相对贫困问题更为突出。相对贫困不仅体现在收入、消费上的城乡差距越来越大，更体现在城乡二元结构造成农民的发展机会普遍不均等，导致农民能力匮乏，普遍处于相对贫困的弱势地位。吴振磊（2020）认为随着脱贫攻坚战取得胜利，2020 年我国将全面完成绝对贫困治理任务，贫困人口结构也将发生结构性转变，这些脱贫户中大多数将转为相对贫困户。绝对贫困治理的主要对象为低于贫困线的贫困户和在当前未建档立卡的贫困户。而未进入建档立卡的贫困"边缘户"、部分进城农民工、城市低收入者将被纳入相对贫困治理范畴。同时现实中存在的高杠杆率家庭、隐形贫困人口以及能力贫困人群等都将是潜在的相对贫困人群。姜安印和陈卫强（2021）表示，就我国实际来看，贫困人口的产生并不在于基本生产生活资料的缺乏，而在于获取这些资料的能力缺乏或机会缺失。由此带来的收入差距拉大、基本公共服务不均等、区域发展不平衡等社会现象，使得相对贫困问题逐步走向常态化。

高强和孔祥智（2020）指出 2020 年后中国依然面临不同形式、不同特征、不同程度的贫困挑战。我国农村贫困将进入一个以转型性的次生贫困和相对贫困为特点的新阶段，转型贫困群体和潜在贫困群体将成为新的目标群体，并呈现出多维度贫困等新特征。并且与绝对贫困相比，相对贫困具有人口基数大、贫困维度广、致贫风险高等特点。吕方（2020）指出随着 2020 年以后贫困标准的提升，经过脱贫攻坚战而实现脱贫的这部分人很可能绝大部分面临相对贫困的问题。根据国家统计局对农村收入的五等分分组，如果我们将收入最低的 20% 农户纳入相对贫困范畴（这部分群体 2017 年人均可支配收入为 3301.9 元，仅略高于当年国家贫困标准），则农村相对贫困人口的规模接近 1.15 亿人。雷勋平和张静（2020）表示 2020 年后中国贫困问题将变得日益尖锐，与以往的收入或经济贫困相比，贫困总体呈现相对性，具体表现为多维性相对贫困、流动性相对贫困、发展性相对贫困。韩广富和辛远（2020）指出 2020 年中国消除农村绝对贫困之后，以收入为标准识别贫困户的机制已经无法真实反映农民的贫困状况，更无法满足农民对美好生活的向往。越来越多的贫困群体，其贫困特征超出了经济条件差的单一困境，呈现多维贫困的发展态势。农村作为中国反贫困的主战场，在跨越绝对贫困之后，将迈入以多维贫困为特征的相对贫困阶段。

二 单一贫困向多维贫困转变

多维贫困是指多方面贫困状态，它描述了在实现"两不愁三保障"后，贫困人口在医疗、教育、住房、发展机会等方面遭受多维剥夺并处于资源或能力相对匮乏的境况。

张明皓和豆书龙（2020）认为在全面建成小康社会的背景下，贫困群体的需求层次和需求结构发生了重大变化。除物质收入外，相对贫困的多维性要求社会同时关注贫困群体的教育、健康、居住条件和社区建设等综合性发展需求。同时，权利贫困和能力贫困构成了相对贫困的重要维度，相对贫困凸显贫困群体权利缺失和可行能力匮乏的境况。王国敏和侯守杰（2021）指出多维贫困主要集中于经济发展程度较低的地区和弱势群体，经济发达地区同样也存在多维贫困群体，但相对贫困发生概率较低。此外，资源分配不均衡也加剧了家庭或地区间相对贫困的多维状态，如初次分配中的收入差距较大及再分配中的公共服务资源不平衡使贫困群体边缘化。高强和孔祥智（2020）也指出，收入贫困和多维贫困的重合度仅为30.62%，这意味着仅关注收入这一指标，将遗漏更多的多维度贫困户。

当前，多维贫困不只发生在农村，也发生在城市。何慧超（2008）表示尽管收入对我国城市贫困群体生活有着重大影响，但城市贫困并不仅仅意味着收入低，收入的不平等、医疗资源和教育资源分配的不平衡、社会保障系统的不完善、就业机会的丧失以及社会排斥等因素都会严重影响城市贫困群体的基本生活。因此，城市贫困问题越来越具有复合性、累积性的特点。姚雪萍（2007）认为现阶段我国的城市贫困是一个综合性的概念，它不仅包含了贫困人口生活资料的短缺，还包含了贫困人口人力资本、社会资本、精神文化的贫乏。

贫困理论和实践表明，贫困群体的贫困状况不仅与财富、资源在不同群体之间的分配有关，还与个人的精神状态和自我认同有关，而精神贫困也是多维贫困中的重要方面。吴万君（2016）表示由于发展落后，文化匮乏是西部发展的一个症结。在我国西部地区，落后的思想和严重的小农意识在农村大量存在，农民精神活动不够丰富，沉溺于封建迷信活动、赌博等不良活动，对社会秩序造成不良影响，严重制约经济发展，从而导致了贫困。郑会霞（2020）指出相对贫困群体由于资源占有量和发展机会相对较少，在社会分层结构中处于相对较低的层次，部分相对贫困群体对自身所处地位的评价较主观，并产生不公平感和被剥夺感，不可避免地导致相对贫困群体的社会认同感和信任度降低。并且由于不同阶层之间、不同群体之间的认同危机以及沟通的缺乏，仇官、仇富、仇警等一系列负面心态和情绪持续发展，使社会矛盾的引爆点降低。

三 普遍性贫困向区域性贫困转变

中华人民共和国成立初期，全国大部分地区基本处于相同的发展水平。随着改革开放政策的逐步实施，东部沿海地区工业化和城镇化发展快于中部地区和西部地区，不同区域的收入差距逐渐拉大，区域之间的相对贫困问题开始出现。

陆汉文和杨永伟（2020）表示改革开放以后，在全球化经济格局中占据有利区位的东部地区率先发展起来，不同地区发展差距快速拉大。总体而言，这个过程带动中国经济总量迅速增大，因此对减少绝对贫困具有重大作用。但这个过程拉大了不同地区人口的收入差距，使得西部地区、山区相对于沿海地区、平原地区，处于一种区域性的相对贫困状态。向德平和向凯（2020）指出，以中国的国情来看，东、中、西部地区存在天然的地理条件差距，在改革开放"先富带后富"的顶层设计下，东部地区率先由贫困走向富裕，东部地区的农村集体经济也远比中西部地区发展得更充分。因此，区域相对贫困长期存在于城乡二元之间和东西部二元之间。

汪三贵和刘明月（2020）指出自实施精准扶贫战略以来，"五个一批"工程的实施推动了区域经济均衡发展，但从收入差距来看，区域之间发展的不平衡程度依旧明显。2013～2018 年，西部地区居民人均纯收入与东部地区、中部地区的差距分别为 9739.40 元、1344.90 元，2018年的差距分别为 14362.40 元、1862.50 元。左停和李世雄（2020）指出中国发展的不平衡不充分问题集中在"老、少、边"地区，西部地区更严重一些。2018 年末，在剩余建档立卡贫困人口中，"三区三州"① 占

---

① "三区"是指西藏自治区和青海、四川、甘肃、云南四省藏区及南疆的和田地区、阿克苏地区、喀什地区、克孜勒苏柯尔克孜自治州四地区；"三州"是指四川凉山州、云南怒江州和甘肃临夏州。

12.4%，革命老区贫困县占 32.4%，西部地区占 64.6%。2018 年全国贫困发生率为 1.6%，而排名前三的新疆、西藏、甘肃的贫困发生率分别达到 6.1%、5.6%、5.6%。无论是贫困人数还是贫困发生率，西部地区均显著高于东、中部地区。根据国家统计局农调总队对全国 31 个省（区、市）6.8 万个农村住户的抽样调查数据，2004 年末 2610 万绝对贫困人口中，东部地区贫困人口为 374 万人，中部地区为 931 万人，西部地区为 1305 万人，东、中、西部地区的贫困发生率分别为 1.0%、2.8%和 5.7%，占全国农村绝对贫困人口的比重分别为 14.3%、35.6% 和 49.9%（庞庆明，2007）。

除了受改革开放政策的影响，区域性贫困很重要的原因是这些地区自然环境恶劣。余吉玲（2016）指出甘肃省民族地区大多地处高寒、多风、干旱、物质迁移迅速、外力侵蚀强烈的生态脆弱地区，干旱、风沙、盐碱与水土流失等自然灾害频繁发生。恶劣的自然条件导致农业生产收入低，多发的自然灾害使得原本脆弱的少数民族农户更容易陷入贫困的恶性循环中。李雨欣、薛东前、马蓓蓓等（2021）研究发现，从空间特征来看，2010～2015 年黄土高原农村贫困深度比贫困广度问题更严峻，农村贫困发生率和缺口率高值区呈现区域差异化特征，高贫困发生率始终集聚于黄土高原沟壑区，高贫困缺口率则呈现离散化空间格局。明亮和王苹（2019）研究发现凉山地区贫困人口主要分布在海拔 2500 米到 3000 米的二半山区和高寒山区，其中彝族农村贫困人口占多数。脆弱的地理生态环境和各类频发的自然灾害使居住在中、高山地带的农村居民长期处于贫困状态。李智愚和崔霞霞（2018）指出东乡县土地贫瘠，水资源涵养能力差、水土流失严重，自然灾害经常导致农民陷入贫困。

四　持久性贫困向暂时性贫困转变

从动态角度分析，可以将贫困分为持久性贫困和暂时性贫困两种类型。我国实施的反贫困战略一直都是针对持久性贫困的。随着中国经济发展以及扶贫工作的持续开展，持久性贫困已经大为减少，暂时性贫困成为当前面临的重大挑战。

郑会霞（2020）指出我国脱贫攻坚的效果还不够稳定，脱贫群体的贫困脆弱性依然较高，在脱贫后很可能重新返贫，甚至落入"贫困陷阱"的恶性循环。返贫原因主要有三个：第一，因扶贫政策断供和执行偏差导致的返贫；第二，因病残导致的返贫；第三，因自然灾害和环境变化导致的返贫。例如，易地搬迁集中安置的农民，在搬迁后找不到新的工作，失去收入来源，导致生活水平低于其他同类人群；一些暂时脱贫的人口由于资产的缺乏和社会保障的强度不高，在疾病和自然灾害等风险下返贫（唐任伍、肖彦博和唐常，2010）。吴万君（2016）指出西部地区制约经济发展的因素多，群众脱离贫困的状态很脆弱，尤其当遇到地震、干旱、洪水、疾病等自然或人为灾害时，农村返贫率较高。左停和李世雄（2020）表示暂时性贫困往往表现为在短时期内收入显著下降，或者支出大大超过收入，如牲畜死亡或农作物受灾减产，以及发生灾难性医疗支出等重大变故，给个体造成重大经济损失，由此诱发返贫或者产生新的贫困人口。市场波动增大、失业现象增多也会导致暂时性贫困的出现。风险冲击和对象的脆弱性不仅会导致新的贫困人口的产生，也会诱发脱贫者返贫。

张毅和蒋雪蓉（2011）提出虽然持久性贫困的人数大幅减少，但是由于贫困人口生计不稳定、脆弱性强等个体性因素，暂时性贫困人数大幅增加。根据调查，农村人口的收入主要来自两个方面，一是农业收入，二是务工收入。农业受制于气象条件、耕地面积、技术手段等因素，农业收入并不稳定。而务工受制于劳动力的教育水平、劳动技能等因素，务工收入普遍不高且不稳定，即便如此这部分收入仍占农村家庭收入的50%以上。刘颖（2013）指出，由于我国农村生产力水平低、社会保障制度不健全、公共服务和产品缺失，暂时性贫困成为新的问题，因医疗、教育、养老、低保等因素导致的农民返贫问题严重。根据国家统计局全国农村贫困监测调查，我国农村贫困地区的低收入人口每年的返贫率在30%左右。

段小力（2020）指出返贫是一个不断发生的过程，具有易发性和频繁性。贫困地区、经济欠发达地区，或是抵御自然灾害能力较差的地区，返贫周期短、次数多，返贫率越来越高，有的贫困人口甚至陷入"扶贫—脱贫—返贫"的怪圈之中。邵延学（2014）研究发现虽然贫困现象在农村是长期存在的，但对农民个体来讲，长期处于贫困状态的农民占贫困人口的比重并不是特别高，很大一部分农民是"有时穷"。脱贫不是一朝一夕之功，对于那些刚刚脱离贫困线的农民来说，极易受到各种因素的影响而再次陷入赤贫的恶性循环当中，即便是一些脱贫多年的农民也可能再次陷入贫困。在西部地区以及少数民族地区，返贫现象更加突出，因病返贫、因老返贫、因教返贫、因灾返贫的例子数不胜数。

刘天平、徐爱燕和邓发旺（2013）指出在西藏，全区返贫率平均在20%以上，易灾多灾区的返贫率在30%以上，局部灾区的返贫率高达50%以上；2010年全区因灾返贫率高达35%以上。余吉玲（2016）表示甘肃集中连片贫困区及少数民族聚居区的大部分贫困人口解决了温饱问题，但地处干旱、高寒贫困带的民族地区基础设施建设薄弱，因灾、因病、因学、因婚丧嫁娶返贫的问题十分突出。即便一些家庭在政府多年的扶持下摆脱了贫困，但生产生活条件尚未根本改变，可持续发展能力有限，难以巩固已有的脱贫成果。

五　农村贫困人口向城市转移

中国农村人多地少，加上工业化、城市化的进程加快，越来越多农民选择离开农村进入城市。随着大批农村剩余劳动力向城市转移，出现了大量农民工。然而户籍制度使农民工很难在城市享受到同等的教育、医疗、养老等福利待遇。该群体基本属于城市的底层，农村贫困人口有向城市转移的趋势。

王国敏和侯守杰（2021）提出在"虹吸效应"下，农村人口不断被吸至城市。但在城乡二元结构下，"人户分离"的农民很难扎根城市，且这部分流动人口未成为城市居民又不属于农村扶贫对象范畴，身处城乡夹层下的这一群体的贫困问题凸显。此外，城市"三高"（高房价、高收入、高消费）导致农民生存压力较大，他们的身体与精神时常处于透支边缘，不稳定的收入及失业风险使他们的增收空间有限且生活略显拮据。

郑会霞（2020）指出随着我国工业化、城镇化的快速发展，大量农村人口迁移到城镇的同时，也将贫困问题转移到了城镇，使得城镇的流动性贫困人口数量快速增加。此外，城镇中从事重复性工作和低劳动技能的居民受经济结构调整、社会快速变迁的冲击比农村居民更明显，随着城镇化的发展，城镇贫困发生率也将快速提升。唐任伍、肖彦博和唐常（2020）提出随着乡村振兴战略的实施，大量人口从农村向特色小镇和城市转移，但城乡二元制度的惯性硬约束以及转移人口自身思维、意识和能力等方面的软约束，导致他们难以真正融入城市，阶层隔离现象逐渐显现。"候鸟式""钟摆式"新市民成为最脆弱的一个群体，他们收入不稳定，失业风险大，精神上无所寄托。从前的绝对贫困者现在以相对贫困者的新形态转移到城市，成为城市新贫困者。

左停和李世雄（2020）指出常年外出务工的农民工群体的收入和消费水平均已城镇化，他们面临城市高昂的住房、教育等刚性支出。虽然已有部分地区如贵州省在测算农村居民家庭收入时适当扣除外出务工所产生的刚性支出，但全国扶贫工作整体上尚未对此给予充分考量，而以农村贫困标准衡量此类群体时，一定程度上会高估其家庭经济状况。况且收入达标并不等同于该群体已实现稳定脱贫，中国低贫困发生率的背后隐藏着流动性贫困问题。向德平和向凯（2020）研究发现农村进城务工者的迁移型贫困构成了城市贫困的主要类型，这一类城市贫困是结构贫困、文化贫困、权利贫困等多种因素的复合体。身份差异、福利偏差、文化冲击，使得外来务工者既在经济上处于弱势，也难以融入城市生活，既缺失话语权，也不具备抗风险能力。城乡分割的户籍制度、排斥农民的就业制度、不完善的农村土地制度、偏向城市的社会保障制度和不完善的公共产品供给制度造成了农村进城务工者的结构性贫困。白永秀和刘盼（2019）指出农民工一般文化素质低、思想观念落后、在城市劳动力市场的竞争力较弱，而我国促进农民工有序流动的体制机制又不健全，这些加剧了农民工转移就业的结构性矛盾，同时农民工又处于城乡贫困治理的真空地带，得不到国家和社会的有效帮扶。因此，伴随着农民工的大规模流动，贫困人口从农村向城市转移的趋势将逐步常态化。

第二节 中国贫困治理的难点

党的十八大以来，中国的大规模减贫取得举世瞩目的成就。但在贫困治理的过程中，仍存在一系列难题尚待解决。本节将着重梳理国内学者对于贫困治理过程中出现的难点和困境的分析，包括贫困人口的识别困难、深度贫困地区的致贫因素复杂棘手、扶贫政策的实施效率低、贫困地区和人口的可持续发展能力欠缺等方面的问题。2020年以后，中国绝对贫困被消除，更加隐蔽的相对贫困将成为研究的热点。因此，本节还将梳理学界对下一阶段相对贫困治理中可能会存在的难点的分析。

一 贫困人口的识别困难

准确识别贫困人口是开展精准扶贫工作的基础与首要环节，当前全国通用的工作流程是"贫困户申请—村民评议—公示公告—上级筛选抽查"。这种识别方法在实际执行过程中存在诸多问题。

第一，基层部门由于缺乏贫困地区居民精确的人口数据和财产收入数据，难以精准识别贫困人口。檀学文和白描（2020）指出，由于收入调查的准确性问题没有得到根本解决，家庭收入在贫困评估时容易被低估，在脱贫评估时又容易被高估。徐京平和邢兰若（2021）指出在赣南某村，由于村民贫富差距小，评选困难，即使通过民主评议也不能准确选出贫困人口。郭儒鹏和周冬梅（2020）在贵州省调研时发现，由于地方政府难以及时掌握当地每年的人口变动数据，基层部门在对当地贫困人口情况进行核实的时候，每次都会发现登记在册的贫困户与实际情况不符。

同时，由于管理部门缺乏贫困人口的最新信息，贫困人口退出机制和返贫监测机制运行不顺畅。徐京平和邢兰若（2021）指出，一方面，已经脱贫的贫困户因不愿放弃政策扶持，会制造贫困假象，而管理部门却无法有效核实；另一方面，贫困地区的脱贫人口很容易因自然灾害或重大疾病等原因返贫，而管理部门却无法及时跟进扶贫工作。

第二，农户在参与民主评议时常常表现出强烈的主观性，影响贫困人口识别的准确性。徐京平和邢兰若（2021）指出，在利益分配问题上，村民出于私心无法公正客观地评选扶贫对象，产生恶意排斥现象。相反，郭儒鹏和周冬梅（2020）在贵州省调研时发现，当地贫困户故意通过分户的方式降低家庭收入，以达到被帮扶对象的标准，从而造成登记人口和户籍人口经常处于信息不对称的状态。

第三，在贫困人口识别过程中，一些特殊困难的贫困人口易被边缘化。汪三贵和曾小溪（2018）指出，农村在精准识别和建档立卡时普遍排斥三类人，包括缺乏脱贫主动性的"懒汉"，有子女但独居的老年人，以及残疾人和大病患者。普通村民对扶持前两类人群的意见很大。

第四，贫困评议缺乏监督，农户参与贫困评议流于形式，导致真正的困难人群无法得到帮扶。田卯茂（2020）指出，在民主评议环节，村民多是象征性地举手赞同村干部拟定的贫困农户名单，鲜有人提出异议；在审核公示环节，主导人员为了私利存在"优亲厚友"行为，但农户很少甚至根本没有提出反对意见。姚景淳和丁崇泰（2020）也指出，在贫困人口识别过程中，"优亲厚友"现象较为突出，有些地区还存在向不符合条件的企业发放扶贫贷款的现象。

第五，目前在贫困人口识别过程中普遍忽视临界群体，容易造成"悬崖效应"。在扶贫政策执行过程中，被识别为建档立卡贫困村或贫困户，是贫困人口获得扶贫资金的主要依据。随着扶贫资源投入的不断增加，贫困村、贫困户因资金整合和政策叠加，超标准享受的到村或到户资金可能远高于原本境况相似的临界群体。这种因扶持对象与非扶持对象之间界限模糊和政策帮扶标准不同而形成的福利在贫困临界点的落差，可被称为扶贫政策的"悬崖效应"（王瑜，2018）。曾小溪和汪三贵（2019）认为，一方面，超标准福利骤增容易造成临界群体心理不平衡，使其产生相对剥夺感，不认同现行政策，甚至产生不配合扶贫工作的问题。另一方面，"贫困"身份带来的超预期福利会引起"等靠要"、争当贫困户和脱贫后不愿退出等现象。

二　深度贫困地区的致贫因素复杂棘手

国家确定的深度贫困地区多是地理位置偏远、交通不便和发展程度低的民族地区，有些还是边境地区。这些地区的致贫因素复杂棘手，既有自然地理因素，也有历史和文化因素，贫困问题在短期内很难彻底解决。

第一，深度贫困地区自然地理条件恶劣，贫困治理难度极大。刘天平、徐爱燕和邓发旺（2013）指出，西藏地区气候普遍寒冷干旱，生态系统非常脆弱，生态压力异常巨大，加上频发的自然灾害，贫困治理的难度极大。王俊程、武友德和钟群英（2021）指出，在"三区三州"，一方面，由于道路崎岖、交通不便，车辆通行速度慢且运载能力弱，运输成本高昂；另一方面，这些地区人多地少、土壤质量差、机械化耕作难，导致农作物单产低。此外，这些地区自然灾害频发，更加重了贫困治理的难度。

第二，深度贫困地区经济实力薄弱、发展能力低，产业扶贫的实施难度大。刘苏荣（2020）对云南省怒江州的调查显示，怒江州企业数量和规模都极为有限，只有一家中等规模以上企业，而且农村集体经济也非常薄弱。孙苗苗（2020）指出，受制于交通、自然条件等因素，西部民族地区产业链条较短，产品的附加价值不高，自我"造血"能力不足。张龙和尹伟先（2020）针对甘肃省临夏回族自治州东乡族自治县的调查表明，产业基础薄弱、缺乏技术和经营管理人才、自然和区位条件恶劣、地方财政困难等一系列因素导致该地区产业发展迟缓。

第三，深度贫困地区人口受教育程度低，部分群众缺乏持续发展的能力和素质，技术培训效果不显著。刘天平、徐爱燕和邓发旺（2013）指出，在西藏地区，人口文化素质普遍较低，科技培训成效微弱，当地贫困人口难以从事相对复杂的技术劳动，并且频发的地方病所导致的身体残疾和健康问题严重影响了西藏地区劳动力素质的提升。刘苏荣（2020）对云南省怒江州劳动力转移培训的调查表明，当地接受培训的人群年龄结构偏大、文化层次普遍不高，导致组织培训的效果很差。王俊程、武友德和钟群英（2021）调研发现，在脱贫攻坚持续推进的过程中，深度贫困地区的人口在素质、能力和思想意识方面没有得到明显提升，农业技术培训流于形式。更为严重的是，深度贫困地区的教育和医疗等公共服务长期缺位，造成当地人力资本培育的内生性不足。邓婷鹤和聂凤英（2020）指出，深度贫困地区多处于自然条件恶劣、生活条件艰苦的乡村，且政策扶持力度有限，致使乡村很难引进较为优秀的乡村教师和村医，即便能引进来，留不住、养不起的问题也很突出。

第四，深度贫困地区特殊的历史文化因素是贫困人群难以脱贫的重要根源。一方面，深度贫困地区大多是少数民族地区，少数民族文化中的落后观念是致贫的根源之一。王俊程、武友德和钟群英（2021）指出，云南省昭通地区重男轻女、多子多福的思想仍然盛行，加重了贫困家庭的负担。成卓（2020）认为少数民族建立在相对封闭的社会网络上的观念与习俗，造成了少数民族地区贫困人口存在对外排斥的倾向、安贫知命的心理以及恪守传统的思维定式，使其缺乏脱贫的主动性。另一方面，少数民族地区受宗教影响较深，在某些情况下对脱贫产生不利影响。

第五，深度贫困地区的人口素质低，缺乏脱贫主动性，扶贫政策的实施容易增加这些地区贫困人口的依赖性。孙苗苗（2020）指出，由于西部民族地区人口素质较低，且长期被"过度依赖外力"的思维所限制，贫困人口主动脱贫的意愿不强，仅满足于当前阶段性脱贫的现状。王俊程、武友德和钟群英（2021）在调研中发现，在脱贫攻坚过程中，深度贫困地区的老百姓产生了浓厚的"等靠要"思想和"装贫比穷"的风气，一些困难群众已达到现行脱贫标准但主观上不愿意脱贫。

三　扶贫政策的实施效率低

在扶贫政策的实施过程中，存在资源配置低效、政策落实不到位、考核监督体系不健全等问题，严重影响了扶贫工作的效率。

第一，扶贫资源投入和产出不成比例，资源配置低效等问题一直没有得到很好的解决。姚景涛和丁崇泰（2020）指出，一是从扶贫项目的执行来看，许多省区市的资金没有被充分盘活导致项目推进缓慢，或者由于前期研究工作不足，后期项目烂尾；二是从扶贫资源的利用来看，部分地区违规将扶贫资金用于非扶贫领域；三是在脱贫过程中出现了形式主义风气，一些贫困地区存在虚假脱贫现象。曾小溪和汪三贵（2019）指出，一是有些地区将有限的扶贫资金分散使用，而碎片化的资金难以发挥规模优势；二是政府主导扶贫资金的配置，可能会衍生权力寻租行为；三是地方政府行政系统的低效率产生了大量重复性工作，影响扶贫速度。

第二，部分地方政府存在过度简化扶贫政策、行政效率低下等消极怠政的倾向，导致扶贫工作的效率低下。高强和孔祥智（2020）指出，许多贫困地区在政策落实过程中，将收入作为脱贫的唯一指标，忽视了教育、医疗、住房以及饮水安全等脱贫指标。田卯茂（2020）指出，在实际帮扶过程中，地方政府为了简化管理，往往要求所有贫困农户集中发展某项或者某几项生计。这种忽视贫困农户真正需求的帮扶方式极大地降低了贫困农户的参与积极性。曾小溪和汪三贵（2019）指出，一些扶贫政策被简化为扶贫项目，扶贫目标被简单解读为提高收入和福利，帮扶手段和模式被简化为直接给钱给物，扶贫过程只注重项目尽快落地而忽视受援助主体的发展能力建设。郭儒鹏和周冬梅（2020）在调研中发现，一是扶贫队伍中存在不作为、懒作为以及政策理解偏差的现象；二是一些贫困地区的基层行政人员的素质和业务能力较低；三是各部门、各级人员在工作对接过程中常常存在信息不对称的问题；四是参与扶贫的专业人员的匮乏直接降低了扶贫工作的效率。

第三，现行绩效管理体系不全面，考核机制不健全，导致部分地区的扶贫政策"治标不治本"，或者存在弄虚作假以获得扶贫政策支持的现象。徐京平和邢兰若（2021）指出，目前仍缺乏完善的绩效管理体系，收入依然是当前判断扶贫成效的决定性指标。田卯茂（2020）指出，一是现行的精准扶贫战略的考核内容不全面，较少顾及贫困农户对扶贫成效的评价；二是考核数据不真实。

四 贫困地区和人口的可持续发展能力欠缺

巩固脱贫攻坚成果的关键在于培育贫困地区和人口自身的"造血"功能，形成可持续发展能力。但在现阶段的扶贫过程中，由于地方政府的政策短视化、产业扶贫效果不佳、教育扶贫实施难度大等问题，贫困地区和人口在巩固脱贫成果和实现可持续发展方面仍然任重道远。

第一，由于脱贫攻坚有明确的时间和目标要求，地方政府在扶贫过程中出现明显的政策短视化倾向，影响稳定脱贫、长效脱贫（田卯茂，2020）。曾小溪和汪三贵（2019）指出，一是地方政府囿于考核压力，往往简化扶贫政策，将扶贫目标具化为对收入水平、脱贫快慢等显性数据的追求，并且不计成本追求短期脱贫效果；二是基于对工作效率和政绩的考量，多数地方政府倾向于选择性帮扶资源条件相对较好的地区和能力相对较高的贫困户，并实施"短、平、快"的扶贫项目，加剧了资源分配不公。郭晓鸣和虞洪（2018）也指出，在行政绩效考核的压力下，很多地方政府片面强调利用经济补偿手段达到脱贫要求，主要选择投资小、见效快的产业扶贫项目，忽视产业扶贫的"造血"功能。

第二，实现和巩固脱贫成果的关键在于建立具备市场竞争力的地方产业，但目前政府主导的产业扶贫政策缺乏可持续性，部分扶贫产业是救济式的（姚景淳和丁崇泰，2020），无法经受市场的考验。高强和孔祥智（2020）指出，目前产业扶贫存在三方面问题：一是扶贫产业大多集中在农业的初级环节，且产业同质化严重；二是有些地方过于追求规模效应，产品不被市场接受，结果造成更大的浪费；三是有些地方设立的扶贫车间，大多只是进行简单加工，且规模小、技术水平低、效益低，发展前景并不乐观。白永秀和宁启（2020）指出，目前的产业扶贫效果不佳，一是因为部分地区产业选择不够科学且脱离市场需求；二是因为产业层次低，产品缺乏市场竞争力，并且产业链短，产品附加值低。此外，在旅游产业扶贫方面，扶贫效果也普遍较差。林移刚和杨文华（2017）指出，由于专业人才、基础设施的供给不足，再加上信息闭塞、环境承载力不高和环境资源保护压力较大，贫困地区旅游产品的开发技术落后、开发水平不高。高强和孔祥智（2020）指出，一些地区发展的乡村旅游项目，存在"弱、小、散"等问题，没有深入挖掘乡土资源和民俗文化内涵，导致旅游产业的亏损面大、盈利空间小。

第三，教育扶贫的实施难度大。教育扶贫作为一种内生性脱贫方式，担负着阻断"贫困代际传递"的重要任务。但是，目前教育扶贫在实施过程中既存在一些政策执行的主观失误，也面临着不少的客观困难。杨扬和韩潇霏（2020）指出，当前我国农村实施教育精准扶贫面临着诸多现实困境，如教育现代化发展与农村本土文化相分离；社会转型需求与农村教育传统定位之间存在矛盾；教育精准扶贫开发缺少多元主体参与。

高德胜和丁泓茗（2020）指出，目前，我国贫困地区的教育发展仍然面临着很多基础性问题，包括教育资源比较匮乏、教育观念相对落后、教育支持存在短板。

在偏远的民族地区，教育扶贫面临的困难更加严峻。李郭倩和张承洪（2020）对某民族地区进行调研，发现该地区存在财政经费自给率低、基础设施严重紧缺、师资量少质低不稳定、国家通用语言文字推广力度不够、惠民政策协调性不够、图书资源监管不足、统筹管控服务能力不强等问题，造成教育扶贫难度大、任务重。除了来自经济方面的限制以外，马忠才和郝苏民（2020）在对某民族地区的调研中还发现，该地区的各类主体对学校教育缺乏积极认知和主动参与，造成教学质量低、有限的教育资源被浪费。

第四，良好的生态环境是贫困地区经济可持续发展的重要前提，但在生态保护的实践中，经常会面临经济发展与生态环境保护之间的现实矛盾。皮泓漪和夏建新（2020）在对宁夏泾源县的田野调查中发现，当地农民在生态保护实践中面临着生态补偿与农民损失间的不平衡加剧、区域生态效益与农民个人利益相冲突的发展困境。王萍和杨敏（2020）指出农村生态扶贫面临的突出问题包括基础设施落后、生态保护与扶贫开发严重脱节、生态扶贫合力弱、生态扶贫成果难以巩固等方面。同时，协调生态保护和减贫的政策手段的效果也不尽如人意。张宜红和薛华（2020）指出，生态补偿扶贫政策的实施效率不高，在实施过程中存在着政策依据模糊、部分贫困户存在参与障碍、资金筹措使用机制不完善、部门衔接不顺畅等问题。

第五，大规模扶贫资源的投入产生"逆向激励"效应，导致部分贫困人口的脱贫主动性降低，出现"群众不急干部急""干部跑断腿，群众撇撇嘴""等靠要"现象（姚景淳和丁崇泰，2020）。一旦政府停止外部"输血式"扶贫，这些缺乏内生脱贫动力的贫困群体就又将面临返贫的风险。曾小溪和汪三贵（2019）指出，帮扶政策向农户传递的信息是，只要争取成为贫困户就可以享受各方面的政策照顾，这容易导致贫困人口以消极态度来对待脱贫工作，以不脱贫或不工作作为与政府博弈的手段之一。

五 2020年以后解决相对贫困问题的难点

2020年后，中国绝对贫困被消除，而更加隐蔽的相对贫困问题，势必增加贫困治理的难度。在下一阶段，如何识别相对贫困的特征、破解其治理困境、建立长效治理机制是新的挑战。

第一，如何制定新的相对贫困认定标准的问题。界定绝对贫困与相对贫困的关键在于参照系不同，前者是基于生存需要的"规范型"标准，后者是社会普遍认可的"比较型"标准（牛胜强，2018）。高强和孔祥智（2020）指出，目前我国对于相对贫困人口的划定标准尚未明确，导致对潜在贫困群体无法充分估计。雷勋平和张静（2020）指出，现行的贫困测度与识别方法多采用西方的理论体系与测度方法，未来如何构建一套既具普适性又具中国特色的贫困测度指标体系，是下一阶段中国贫困治理的理论重点和实践难点。韩广富和辛远（2020）认为新的贫困标准制定面临两个主要问题：一是在贫困标准的划定上，是制定全国统一的标准还是各地差异化的标准，是制定高门槛的标准还是低门槛的标准；二是在贫困人口的识别上，如何把贫困发生程度相近的人口识别为相对贫困人员。此外，相对贫困不是由单一的收入因素造成的，而是多种因素综合作用的结果（高强和孔祥智，2020），因此，新的相对贫困标准的制定必须综合考虑多维度的指标。

第二，如何保持贫困人群持续增收，以及遏制不同区域或群体之间收入差距拉大的倾向。韩广富和辛远（2020）指出，一方面，目前政府主导的产业扶贫，能否适应千变万化的市场需求，能否提供符合市场需求的产品，是扶贫产业能否可持续发展的一项挑战；另一方面，贫困劳动力自身的素质较低及职业技能较弱势必影响其就业，进而影响其持续增收，最终影响资本积累和扩大再生产。檀学文和白描（2020）指出，解决长期贫困问题需要政策制定者保持定力，一些特定扶贫措施和机制要想发挥效果需要经历"发育"过程，包括长期性扶贫产业的发育，易地搬迁人口生计能力的重新形成，农村集体经济的发育等。

从长期来看，缓解相对贫困不仅要让贫困人口保持增收，还要着力提升增收的速度，缩小城乡之间、区域之间以及不同群体之间的收入差距（高强和孔祥智，2020）。但是，王国敏和侯守杰（2021）指出，我国目前的经济发展不平衡状况在短期内难以内扭转，这可能会造成不同区域或群体之间的贫富分化状况进一步加剧，增加相对贫困治理的紧迫性。

第三，如何解决贫困人群内生动力不足的问题。雷勋平和张静（2020）指出，部分脱贫人口仅仅是经济上脱贫，尚未从思想上脱贫，"灌水式""输血式"的扶贫方式没有起到"扶志"和"扶智"的作用，导致脱贫人口自我改变的决心和能力不足。韩广富和辛远（2020）指出，长期的贫困文化会塑造一种穷人思维，导致贫困人群安于现状、不求上进。高强和孔智祥（2020）的调研发现，不少贫困群众在摆脱绝对贫困后，减弱了发展动力。一旦帮扶干部撤出，贫困地区很可能又恢复到无人干事、不会办事的状态。相反，檀学文和白描（2020）指出，贫困人群中的所谓"懒汉"并非真的懒，而是由能力有限、机会不足、不愿承担风险等多种因素造成的。随着脱贫工作的推进，相对贫困人口中能力和内生动力不足的比例趋于提高，因此需要更为基础、长期的动力培养过程。

第四，如何创新贫困治理的体制机制问题。雷勋平和张静（2020）指出，一方面，目前的扶贫体系缺乏长效治理机制，存在信息共享机制缺失、激励考核机制不完善、多元主体参与机制缺失等问题；另一方面，目前的贫困治理现代化程度不高，存在长效监管机制欠缺、部分地区政策执行力度不够、贫困人口大多文化程度偏低、农村基础设施不够完善、贫困治理考核指标不完善、部分党员的思想政治觉悟低、贫困人口的法治思维薄弱、贫困地区的法律体系落后等问题。韩广富和辛远（2020）指出，目前的扶贫体制机制存在两方面的问题：一是脱贫攻坚工作机制与乡村振兴工作机制衔接力度不够；二是在政策执行过程中，存在形式主义等问题。高强和孔祥智（2020）指出，我国缓解相对贫困的政策创新力度仍然不够。王国敏和侯守杰（2021）指出，目前的贫困治理体系的系统性和协调性较差，一方面，当前贫困治理碎片化现象凸显，如精准扶贫阶段的社会保障因时因地因人而异、经费来源及治理体系尚未体系化、扶贫任务零散且缺乏系统性；另一方面，贫困治理"一刀切"凸显。

参考文献

白永秀, 刘盼. 全面建成小康社会后我国城乡反贫困的特点、难点与重点 [J]. 改革, 2019（05）: 29 - 37.

白永秀, 宁启. 脱贫攻坚提出的背景、实施及难点破解 [J]. 西北大学学报（哲学社会科学版）, 2020, 50（4）: 5 - 15.

成卓. 社会资本视角下破解西部民族地区农村深度贫困难题的路径选择 [J]. 西南金融, 2020, 470（9）: 38 - 48.

邓婷鹤, 聂凤英. 后扶贫时代深度贫困地区脱贫攻坚与乡村振兴衔接的困境及政策调适研究——基于 H 省 4 县 17 村的调查 [J]. 兰州学刊, 2020, 323（8）: 186 - 194.

段小力. 返贫的特征、成因及阻断 [J]. 人民论坛, 2020（03）: 90 - 91.

高德胜, 丁泓茗. 教育精准扶贫的价值逻辑、现实困境及应对策略 [J]. 黑龙江高教研究, 2020, 38（11）: 31 - 35.

高强, 孔祥智. 论相对贫困的内涵、特点难点及应对之策 [J]. 新疆师范大学学报（哲学社会科学版）, 2020, 41（03）: 120 - 128 + 2.

郭儒鹏, 周冬梅. 精准扶贫: 地方经验、现实困境与实践反思——以贵州省苗县为

例 [J].湖北民族大学学报（哲学社会科学版），2020，38（1）：55－62.

郭晓鸣，虞洪.具有区域特色优势的产业扶贫模式创新——以四川省苍溪县为例
    [J].贵州社会科学，2018，（5）.

韩广富，辛远.农村相对贫困的特征、境遇及长效解决机制 [J].福建论坛（人文
    社会科学版），2020（09）：119－130.

何慧超.中国城市贫困问题的特点及其治理策略选择 [J].理论月刊，2008（08）：
    85－87.

何龙斌.脱贫地区从产业扶贫到产业兴旺：现实难点与实现机制 [J].青海社会科
    学，2020，244（4）：67－72.

黄承伟，邹英，刘杰.产业精准扶贫：实践困境和深化路径——兼论产业精准扶贫
    的印江经验 [J].贵州社会科学，2017（9）.

姜安印，陈卫强.贫困时代转换的经验证据、特征研判及路径选择 [J].经济学家，
    2021（03）：63－70.

雷勋平，张静.2020后中国贫困的特征、治理困境与破解路径 [J].现代经济探讨，
    2020（08）：24－28.

李郭倩，张承洪.精准扶贫视角下县域民族教育发展的困境与策略——以四川省 A
    州为例 [J].贵州民族研究，2020，41（6）：155－160.

李雨欣，薛东前，马蓓蓓，董朝阳.黄土高原地区农村贫困空间演化及偏远特征
    [J].干旱区地理，2021，44（02）：534－543.

李智愚，崔霞霞.西北地区贫困特点及扶贫重心——以甘肃省贫困户的“能力”贫
    困为视角 [J].法制与社会，2018（09）：135－136.

林移刚，杨文华.我国乡村旅游精准扶贫困境与破解研究：基于生产要素视角 [J].
    云南民族大学学报（哲学社会科学版），2017，（2）.

刘明月，汪三贵.产业扶贫与产业兴旺的有机衔接：逻辑关系、面临困境及实现路
    径 [J].西北师大学报（社会科学版），2020，57（4）：137－144.

刘苏荣.深度贫困地区农村劳动力转移培训面临的困境——基于对云南省怒江州的
    调查 [J].职业技术教育，2020，41（3）：54－59.

刘天平，徐爱燕，邓发旺.西藏农牧区扶贫的特殊困难分析 [J].农业经济，2013
    （05）：15－17.

刘颖.农村贫困问题特点、成因及扶贫策略 [J].人民论坛，2013（35）：108－110.

陆汉文，杨永伟．从脱贫攻坚到相对贫困治理：变化与创新 ［J］.新疆师范大学学报（哲学社会科学版），2020，41（05）：86－94＋2.

吕方．迈向 2020 后减贫治理：建立解决相对贫困问题长效机制 ［J］.新视野，2020（02）：33－40.

马忠才，郝苏民．乡村教育振兴的困境及其内生性逻辑——基于深度贫困地区 Y 县的调查分析 ［J］.中南民族大学学报（人文社会科学版），2020，40（2）：169－174.

明亮，王苹．凉山彝族地区反贫困研究 ［J］.民族学刊，2019，10（06）：23－31＋116－119.

牛胜强．多维视角下贫困内涵及我国农村贫困标准的科学构建 ［J］.当代经济管理，2018，（7）.

庞庆明．论当代中国农民贫困新特点与民间组织参与式扶贫 ［J］.甘肃理论学刊，2007（02）：83－86.

皮泓漪，夏建新．贫困地区生态保护实践中农民的发展困境及对策——基于宁夏泾源县的实证研究 ［J］.宁夏社会科学，2020，219（1）：151－157.

蒲实，袁威．中国共产党的百年反贫困历程及经验 ［J］.行政管理改革，2021（05）：16－25.

邵延学．我国农村贫困特点、成因及反贫困对策探讨 ［J］.商业经济，2014（18）：29－32.

孙苗苗．西部民族地区精准脱贫面临的困境和对策研究 ［J］.回族研究，2020，30（4）：89－94.

孙照红．新中国成立以来我国贫困治理的历程、特点和趋向 ［J］.中国延安干部学院学报，2020（05）：49－55＋91.

檀学文，白描．论高质量脱贫的内涵、实施难点及进路 ［J］.新疆师范大学学报（哲学社会科学版），2020（2）：1－12.

唐任伍，肖彦博，唐常．后精准扶贫时代的贫困治理：制度安排和路径选择 ［J］.社会科学文摘，2020（04）：8－10.

田卯茂．目标群体参与精准扶贫的困境及应对 ［J］.农业经济，2020（12）：77－78.

王国敏，侯守杰．后小康时代中国相对贫困的特征、难点、标准识别及应对之策 ［J］.内蒙古社会科学，2021，42（02）：106－113＋213.

王俊程，武友德，钟群英．我国原深度贫困地区脱贫成果巩固的难点及其破解 ［J］．西安财经大学学报，2021，34（2）：64 – 72.

王萍，杨敏．新时代农村生态扶贫的现实困境及其应对策略 ［J］．农村经济，2020，450（4）：34 – 42.

王琦，余孝东．"双非地区"倒挂式贫困的治理困境 ［J］．华南农业大学学报（社会科学版），2020，19（4）：10 – 20.

汪三贵．中国扶贫绩效与精准扶贫 ［J］．政治经济学评论，2020，11（01）：130 – 148.

汪三贵，刘明月．从绝对贫困到相对贫困：理论关系、战略转变与政策重点 ［J］．华南师范大学学报（社会科学版），2020（06）：18 – 29 + 189.

汪三贵，曾小溪．从区域扶贫开发到精准扶贫——改革开放 40 年中国扶贫政策的演进及脱贫攻坚的难点和对策 ［J］．农业经济问题，2018，464（8）：40 – 50.

王瑜．论脱贫攻坚中的悬崖效应及其对策 ［J］．中国延安干部学院学报，2018（5）：122 – 127.

吴万君．西部农村地区贫困问题的特点、成因及对策 ［J］．当代经济，2016（27）：26 – 27.

吴振磊．相对贫困治理特点与长效机制构建 ［J］．人民周刊，2020（13）：74 – 75.

向德平，向凯．多元与发展：相对贫困的内涵及治理 ［J］．华中科技大学学报（社会科学版），2020，34（02）：31 – 38.

徐京平，邢兰若．精准扶贫的现实困境与治理逻辑——基于互联网 + 视角 ［J］．经济问题探索，2021，463（2）：78 – 83.

杨扬，韩潇霏．教育精准扶贫的现实困境及应对策略 ［J］．教学与管理，2020，802（9）：17 – 20.

杨颖．中国农村反贫困研究——基于非均衡发展条件下的能力贫困 ［M］．光明日报出版社，2011，50 – 51.

姚景浡，丁崇泰．精准扶贫最后一公里难点分析及政策建议 ［J］．地方财政研究，2020（1）：72 – 77.

姚雪萍．转型期我国城市贫困的特点、成因以及反贫困的对策探析 ［J］．改革与战略，2007（12）：109 – 112.

余吉玲．甘肃集中连片贫困地区少数民族反贫困问题研究 ［J］．经济研究导刊，2016（03）：62 – 64.

曾小溪，汪三贵. 论决胜脱贫攻坚的难点和对策 [J]. 河海大学学报（哲学社会科学版），2019，21（6）：10 - 17，109.

张龙，尹伟先. 民族地区精准扶贫的困境及对策研究——基于甘肃省临夏州东乡族自治县果园镇的调查 [J]. 西北民族大学学报（哲学社会科学版），2020，238（4）：141 - 148

张明皓，豆书龙. 2020 年后中国贫困性质的变化与贫困治理转型 [J]. 改革，2020（07）：98 - 107.

张毅，蒋雪蓉. 农村反贫困的新特点及对策 [J]. 企业导报，2011（14）：14 - 15.

张宜红，薛华. 生态补偿扶贫的作用机理、现实困境与政策选择 [J]. 江西社会科学，2020，40（10）：78 - 87.

郑会霞. "后扶贫时代"的贫困治理：趋势、挑战与思路 [J]. 河南社会科学，2020，28（10）：118 - 124.

郑子青，郑功成. 消除贫困：中国奇迹与中国经验 [J]. 中共中央党校（国家行政学院）学报，2021，25（02）：39 - 48.

左停，李世雄，武晋. 国际社会保障减贫：模式比较与政策启示 [J]. 国外社会科学，2020（6）.

左停，李世雄. 2020 年后中国农村贫困的类型、表现与应对路径 [J]. 南京农业大学学报（社会科学版），2020，20（04）：58 - 67.

专题四
贫困治理的中国方案

摆脱贫困是中华人民共和国成立以来党和政府一直关注的现实问题，也是改善人民发展条件而必须实现的历史任务。经过 70 多年的持续努力，中国实现了大规模脱贫，走出了一条中国特色减贫发展道路，为全球贫困治理提供了中国智慧和中国方案。随着我国贫困治理实践的推进，相关研究围绕贫困治理的历史进程、精准扶贫战略的多维实施及 2020 年后的贫困治理方向及对策等方面不断展开，从多个理论视角形成了对中国贫困治理方案的回顾、审视与预估，形成了丰富的研究结论。

第一节　中国贫困治理的历史进程

中国的大规模减贫是一个历史的过程。一些学者因改革开放前我国普遍处于贫困状态因而侧重于从改革开放后我国的减贫实践来梳理贫困治理战略和策略的调整，但更多学者关注到了改革开放前我国的减贫探索，并根据减贫的战略选择和政策调整对中华人民共和国成立以来的贫困治理实践进行了系统分析。这些研究对于理解贫困治理的中国方案具有重要价值。

黄承伟（2019）根据扶贫战略的演变将中华人民共和国成立以来我国贫困治理过程分为以下几个阶段。第一阶段，中华人民共和国成立至改革开放前期（1949～1977 年），以减缓绝对贫困为目标，主要通过变革社会制度、建立低水平的社会保障体系实施计划经济体制下的广义扶贫战略。第二阶段，改革开放至党的十八大（1978~2012年），主要通过经济增长和专项扶贫计划大幅度减少绝对贫困。按照驱动减贫的主要动力因素，可将这一历史时期分为四个阶段：1978~1985年，主要通过变革农村经济体制推动减贫；1986~1993年，主要实施区域开发式扶贫战略；1994~2000年，主要实施综合性扶贫战略；2001~2012年，主要实施整村推进与"两轮驱动"扶贫战略。在这一历史时期，中国特色扶贫开发道路基本形成，并积累了宝贵的经验。第三阶段，2013年至今，实施精准扶贫精准脱贫方略。

曾小溪和汪三贵（2017）认为中国的反贫困历程是一个使社会贫弱阶层不断分享经济、社会发展成果的过程，扶贫战略和政策随着社会、经济环境和扶贫对象本身的变化而变化，并据此将中华人民共和国成立以来我国的贫困治理分为五个不同的阶段，并详细分析了各个阶段扶贫战略和政策的特点。第一，保障生存阶段的扶贫战略和政策（1949~1978年）。这一阶段成功改造了所有制，同时建立了以实物性生活救济为主的扶贫政策。第二，体制改革阶段的扶贫战略和政策（1979~1985年）。这一阶段成功实行了以家庭联产承包责任制为主的农村经济体制改革，放松了对农副产品的流通管制，促进了市场化进程，广大农民的劳动积极性大为提高，农业生产力得到释放，农业资源利用率和土地产出率不断提高，农业和农村的快速发展使大量贫困人口得以迅速脱贫。第三，解决温饱阶段的扶贫战略和政策（1986~2000年）。在这一阶段，扶贫工作成为相对独立、有组织、有计划的社会工程，扶贫政策由人道主义扶贫向有计划、有组织的制度性、专项性扶贫转变。第四，巩固温饱阶段的扶贫战略和政策（2001~2010年）。在这一阶段，扶贫战略从注重经济开发向立体综合的社会开发转型，扶贫政策强调再分配手段的使用，社会保障计划向农村地区延伸并成为间接减贫的重要推动力之一。扶贫政策在强农惠农基础上更加注重利用市场来改善和减缓贫困，更加强调综合开发与全面发展。扶贫的瞄准对象转向村与户，群众更广泛地参与贫困治理。第五，全面小康阶段的扶贫战略和政策（2011~2020年）。这一时期贫困治理不仅具有经济功能，更有社会功能和政治功能。扶贫治理手段更加多样，扶贫政策安排上既注重各项扶贫政策之间的区别与联系，同时也强调整体的扶贫政策同其他涉农政策之间的衔接。扶贫政策目标由以往的"保生存"向"保生态、促发展、惠民生"转变，更加关注区域与贫困人口生计可持续发展能力。在这一阶段，扶贫边界更为清晰，强调集中力量解决深度贫困地区的贫困问题；赋权农户，更加注重社会资源分配的公平；注重横向分工与纵向分权，深度推进扶贫工作，尝试跳出行政区划限制，对集中连片贫困地区进行合作式扶贫开发。

张力、逄强和张琦（2021）从贫困治理的目标、客体、主体三大分析维度，将中华人民共和国成立以来的贫困治理过程划分为三个阶段。第一，救济式扶贫阶段（1949~1977年）。政府发挥直接主导作用，在城市和农村建立社会救济制度，由国家和单位、国家和集体在社会救济、医疗卫生、基础教育等方面提供社会保障，并优先保障人民群众的基本生存。第二，制度化扶贫阶段（1978~2012年）。这一阶段设立专门机构、出台专门政策、制定和调整贫困线的衡量标准，并强调通过顶层制度设计来开展扶贫工作、实现扶贫目标。在这一阶段，贫困内涵的定位有所调整，由仅考虑收入贫困向兼顾能力贫困拓展，强调保障教育、医疗、住房等基本发展权利，不断满足贫困人口的基本生存需要以及更高层次的精神文化需要。在后期的农村扶贫工作中，国家不仅建立农村最低生活保障制度，还致力于从义务教育、基本医疗、住房三个方面提供更加全面的保障。另外，贫困治理对象逐步细化，瞄准机制逐步强化。在制定贫困线具体标准的基础上，国家先后将贫困地区、贫困县、贫困村作为贫困治理的基本单位，并以政府为主导动员社会力量参与扶贫工作。第三，精准扶贫阶段（2013至今年）。在这一阶段，贫困内涵扩展为"收入贫困＋能力贫困＋脆弱性"，贫困户基本被瞄准，以政府为主导的多元主体协同参与的扶贫格局形成。

张琦、张涛和李凯（2020）指出，中华人民共和国成立 70 多年来，我们在探索中国特色扶贫道路的历程中，对扶贫开发体制机制进行了多阶段的适应性调整，从扶贫政策、减贫治理体系、脱贫考核、区域发展、大扶贫格局等多方面进行变革，使扶贫脱贫机制更加适应每阶段的实际。他们将中华人民共和国成立后的贫困治理分为以下几个阶段。第一，农民土地所有制改革背景下的全区域贫困治理阶段（1949～1955 年）。第二，人民公社时期的"平均主义"扶贫阶段（1956～1977 年）。农村土地制度由农民所有制变为集体所有制，并实施集体所有、集体经营的生产队发展模式。人民公社制度下的平均主义分配方式、"政社合一"的农村贫困治理和发展模式、"以生产队为基础"的管理体制以及劳动生产的集体化与军事化特征，在一定程度上降低了极端贫困群体的规模，却造成了平均主义下的普通贫困状态。第三，农村土地制度向家庭联产承包责任制变革的扶贫阶段（1978～1985 年）。这一阶段确立了农村土地经营的家庭联产承包责任制，调动了农民耕种土地的积极性；对农产品统购统销的制度进行改革，通过提高农产品价格、赋予农民农业生产自主权等多种形式的农业制度创新，大幅度提高了农业劳动生产率和农民收入水平。第四，扶贫体制改革和贫困县开发式扶贫的探索阶段（1986～1993 年）。国务院扶贫开发领导小组的成立，意味着中国农村扶贫开发工作开始进入有计划、有组织的开发式扶贫新阶段。这一阶段建立了扶贫协调动员机制和组织机制，初步提高了扶贫制度体系的瞄准性，将资源下沉到贫困县，开始了以县为基本扶贫单位来分配和使用扶贫资源的制度模式。此外，探索实施"以工代赈"的开发式扶贫机制，让贫困人口通过参与基础设施建设的方式获得劳动报酬，改变了过去"输血式"的低效率扶贫机制。第五，综合性目标任务下的区域瞄准性扶贫开发阶段（1994～2000 年）。这一阶段创新了扶贫责任机制，通过实施资金、任务、权利、责任"四个到省"的扶贫工作责任制，激发了各级部门和地方政府的扶贫热情；探索出台了东西扶贫协作机制下的区域协调发展机制和区域发展战略及金融扶贫等政策。第六，整村推进和参与式扶贫机制的创新阶段（2001～2010年）。在这一阶段，扶贫开发的重点从贫困县转向贫困村，扶贫工作更加注重群众的参与，除了提出利用参与式方法自下而上地制定和实施扶贫开发规划，还开始推广新农合、农村低保、雨露计划等一大批农村社会保障政策，探索了农村社会保障体系的贫困治理作用。第七，开发式扶贫与保障式扶贫相结合的精准扶贫阶段（2011年以后）。这一阶段形成了以户为单位的精准帮扶机制，构建了大扶贫格局，形成了健全的贫困识别体系、帮扶责任体系、政策资金投入体系、考核评估体系，创新了农村特色贫困群体的扶贫脱贫和增收致富长效机制。

张永丽和徐腊梅（2019）认为，改革开放以来，我国反贫困目标的制定经历了从解决贫困人口的生存问题到促进贫困人口的全面发展的转变；扶贫重心经历了从开发式扶贫到综合性扶贫、从区域性开发到瞄准贫困户和贫困人口、从解决温饱问题到促进贫困人口综合发展的转变。反贫困主体及参与机制经历了中央政府作为反贫困主体—地方政府主体地位不断强化—非政府力量参与扶贫—全社会共同参与扶贫的变化过程。2013年以来，我国进一步确立了确立了"中央统筹、省负总责、市县抓落实"的分工机制，在全国范围内形成了专项扶贫、行业扶贫与社会扶贫的大扶贫格局，政府、市场、社会等多主体协同推进成为中国反贫困的主要特点之一。

张涛和王春蕊（2020）将改革开放以来的贫困治理分为四个阶段：体制改革推动扶贫阶段（1978～1985年）；大规模开发式扶贫阶段（1986～1993年）；扶贫攻坚与巩固发展阶段（1994～2010年）；新一轮扶贫开发和精准扶贫阶段（2011～2020年）。他们分析了我国扶贫开发的模式创新："公司＋合作社＋基地＋贫困农户"产业扶贫模式；"易地搬迁＋X"扶贫模式；"生态补偿＋特色产业"扶贫模式；"专项教育＋多元主体"扶贫模式；"产业导向＋无抵押小额信贷"金融扶贫模式。

翟绍果和张星（2021）从脆弱性概念入手，结合韧性治理理论，分析了中华人民共和国成立以来我国贫困治理的议题转换、范式转变和政策转型：1949年至1979年，我国贫困治理以脆弱性治理为重点，通过无偿救济直接干预个体经济脆弱性；1980年至2020年，我国贫困治理以包容性治理为重点，形成了极具包容性的"大扶贫"格局，实现了贫困人口自我发展意识与能力的强化，我国贫困治理实践的反脆弱性进一步深化。

第二节　精准扶贫战略的多维实施

黄承伟（2017）认为，中国精准扶贫战略是以习近平总书记的扶贫开发战略思想为指导制定的一整套贫困治理体系，其核心内容包括：发挥政治优势，层层落实脱贫攻坚责任；不断完善精准扶贫政策工作体系，切实提高脱贫成效；坚持政府投入的主体和主导作用，不断增加金融资金、社会资金投入；坚持专项扶贫、行业扶贫、社会扶贫等多方力量有机结合的大扶贫格局，发挥各方面的积极性；尊重贫困群众扶贫脱贫的主体地位，不断激发贫困村贫困群众脱贫的内生动力。

高旸（2020）关注了精准扶贫的情感治理问题。他认为，情感不仅能加强社会的凝聚力，还可以为基层工作开展注入源源不断的情感力量。中国乡村社会原子化趋势虽不可逆转，但传统村社情感活力依然强劲，合理引导、激发群众情感，可为精准扶贫成果巩固及后续乡村振兴战略实施注入内生动力。但在基层情感治理中，治理者须尊重个体情感表达，推动基层情感治理观念由"融情"向"懂情"转变。

刘光星（2020）关注了金融精准扶贫的技术优化问题。他认为当前金融精准扶贫仍然面临精准度不足的问题，而凭借区块链技术，能有效解决金融精准扶贫中的"精准偏离"痛点，但其应用面临着挑战管理权威理念、冲击传统监管模式以及挑战现行法律秩序等问题。他提出通过树立法权中心理念克服区块链应用所面临的自由至上主义和权力压制思想，建立教育与知识普及机制以增强智力支撑，完善数据共享激励与协调机制以提升数据可靠性，运用监管科技和监管沙盒以提高监管效能以及构建数字货币制度和智能合约制度，为区块链金融精准扶贫注入更多法治品质等对策建议。

尹新瑞和刘金玲（2020）认为，社会工作介入民族地区精准扶贫是多元社会力量参与精准扶贫治理的重要组成部分。当前以政府主导的扶贫模式存在精准扶贫团队专业能力欠缺、民族地区贫困群众主动性不足、贫困对象缺乏精确认定等问题。而社会工作在资源链接、助人方法、助人理念等方面有专业优势。在精准扶贫的具体介入工作中，社会工作者可采用多元化的介入策略，将项目运作与培育社会组织相结合，将扶贫、扶智、扶志相结合，将外展服务与社会服务整合相结合，共同促进民族贫困地区精准脱贫。但是，社会工作者介入民族地区扶贫工作时应注意文化敏感性问题。

彭文慧和王动（2020）研究发现，伴随市场化进程的加快，社会资本对农村减贫的作用整体减弱，但家庭社会网络和村庄社会信任仍能显著减少贫困；基于农户家庭"强关系"的人情资源的减贫效应随市场化程度的提高而减弱，而基于农户家庭"弱关系"的信息优势的减贫效应随市场化程度的提高而增强。在中国农村地区，这种"弱关系"较"强关系"发挥了更大的减贫效果。

李小红和段雪辉（2020）认为，外力参与是贫困村振兴不可或缺的关键因素。外力参与贫困村振兴的治理模式应该结合贫困治理的发展阶段适时转换。精准扶贫时期形成了外力嵌入式治理模式，脱贫巩固期适合外力与内生治理主体合作的治理模式，脱贫村振兴阶段拟推进外力融入脱贫村治理的融合治理模式。

李学楠（2020）关注了产业扶贫中乡村精英的机会倾向与扶贫绩效

的关系，通过实证分析发现，在政府精准扶贫资源与政策强力下乡时，乡村精英的逐利动机导致的机会倾向与前期的生产积累共同决定了产业扶贫的绩效。当乡村精英的机会倾向强而生产积累弱时，产业扶贫的绩效较差；当乡村精英的机会主义倾向弱而生产积累强时，产业扶贫绩效较佳。

雷晓康和汪静（2020）提出了乡村振兴背景下的贫困地区韧性治理框架，指出应当提升乡村的环境韧性、经济韧性、社会韧性，综合提高乡村治理能力，塑造脱贫攻坚内生动力，激活社区公共精神，促进乡村振兴与精准扶贫的良性互动。

第三节 教育扶贫研究

教育不仅是提升相对贫困群体主体自觉的有力支撑和文化自觉的坚实土壤，更是激发相对贫困群体内生动力的重要手段和发掘相对贫困群体可行能力的有效途径，是阻断贫困代际传递的根本之策，教育扶贫是中国扶贫体系的重要组成部分。教育扶贫不仅需要"智志双扶"，还需要提高包括交换交流的能力、心智自由的能力和思维转化的能力在内的"可行能力"，这在本质上是教育扶贫发展规律的映射和体现。教育扶贫机制是教育扶贫主体与客体之间、社会属性与个体属性之间、价值理性与工具理性之间、社会期望与实践发展之间所形成的脉络机理与运行架构。教育扶贫机制作用的发挥须以聚合地方性和全球性力量为核心载体，以重塑"知识资本"为预设目标，以注重"文化自觉"为指引方向，以运用"互联网＋大数据"为技术支撑。中华人民共和国成立以来，我国教育扶贫先后经历了政策酝酿、制度嵌入、内涵深化与转型和扶贫成果巩固等时期，采取了实现贫困人口"有学上"、保障贫困人口"上得起"、满足贫困人口"上好学"和维护贫困人口"有收获"的中国行动。在实践中，我国形成了坚持制度优势与政治优势互相结合，坚持扶贫同扶智和扶志良性互动，发挥精准扶贫与教育公平双重作用，坚持制度创新与战略改革双向驱动等具有中国特色的教育扶贫经验。在新的历史时期，我国需要从优化战略定位、识别扶贫对象、保障资本投入、提升文化能力和助力全球减贫五个维度构建教育扶贫机制的新路径。教育扶贫在实践逻辑上要以理念思维、制度体系、实施方案和治理格局为抓手，通过系统的教育扶贫思维为其提供目标导向和顶层设计，关注教育扶贫过程，追求教育扶贫制度体系运行的高效化，聚焦教育扶贫实施方案，遵循差异化教育扶贫理念，打造教育扶贫多元化治理格局。在此基础上构筑教育扶贫的新路径，激发相对贫困群体的内生脱贫动力，增强教育缓解相对贫困问题的实效，发挥教育在相对贫困治理中的作用，完善多元主体共治的教育扶贫格局（袁利平和姜嘉伟，2020；袁利平和姜嘉伟，2021；袁利平和李君筱，2021；袁利平和丁雅施，2020）。

左停和刘文婧（2020）认为，解决相对贫困，重点要改善贫困人口的人力资本构成，进而缩小收入差距和减少社会不平等；应把教育作为政府积极投资的重点领域，进一步发展乡村教育，帮助贫困家庭克服障碍，实现以教育促减贫、促发展的路径和目标。教育反贫困功能的实现主要基于教育提升人力资本以及增加人力资本投资回报的理论假定。但在现实中，学生享受高质量的教育也必然承担种种成本（包括机会成本）。对于欠发达地区和贫困家庭而言，教育始终存在可获得性、可承受性、职业关联性和长期投资回报四个方面的现实障碍。真正形成以教育实现减贫的发展路径，还需要在增加职业关联性和长期投资回报方面形成可预期的良性循环。

王三秀（2014）指出，基于我国农村反贫困的现实需要，目前农村贫困治理已逐步由收入支持向注重发挥贫困农民自身作用的内源反贫困模式转型。在此过程中贫困农民的文化教育状况具有关键性意义。因此，应转变目前农村文化教育救助的单一经济补救功能，着力在贫困农民自我发展能力、观念转变、心理健康改善及挖掘文化资源等方面发挥积极作用，从而实现教育功能的重塑。

王宝义、马岳勇和郑霁鹏（2020）分析了教育贫困循环累积因果效应的形成机理及其回波效应和扩散效应，认为当一个地区陷入教育贫困循环累积因果效应时，基于"教育扶贫收益减少→教育扶贫投资下降→受教育人数减少→教育水平下滑→人口素质下降→劳动能力与生产率下降→劳动收入降低→教育扶贫收益进一步下降"的形成机理，机制内各个因素不断相互弱化，该地区的就业、收入、教育和经济发展水平持续降低，难以达到教育脱贫的目的。在教育贫困循环累积因果效应下，改变这个循环的关键在于实现循环内的某一变量的良性转变，然而在自由市场环境中，落后地区自身往往缺少这一能力。因此，破解教育贫困循环累积因果效应的关键在于外界干预，通过政府这只"有形的手"有效开展精准教育扶贫。这就需要对教育扶贫对象进行精准识别与精准管理以及对教育扶贫资源进行精准管理，合理设置政府教育精准扶贫方案。

陈鹏和王晓利（2019）认为，"扶贫先扶志，扶贫必扶智"的扶贫策略，突出了农村职业教育在精准扶贫战略中的地位与价值。目前，我国农村职业教育在扶贫中面临人才培养缺乏适切性、办学模式缺乏针对性、农村贫困人口自我效能感和成就感较低的现实问题。因而，农村职业教育应以思想观念扶贫为核心、以文化知识为基础、以技术技能为动力，增强贫困人口脱贫信心、提高贫困人口公民素养、提升贫困人口人力资本，通过阻断贫困文化的传递实现贫困人口的脱贫致富。

陈春霞和石伟平（2020）认为，职业教育广泛面向社会，教育对象具有"人民性"和"普及性"，教育内容具有"技能性"和"效用性"，且职业教育的培养目的与扶贫目标具有一致性。因此，通过职业教育进行精准扶贫具有直接性和长效性，且能有效阻断贫困的代际传递。职业教育精准扶贫的路径与策略，一是基于阿玛蒂亚·森的可行能力理论，将"DIFD可持续农户生计框架"和"Dercon脆弱性分析框架"融合运用，构建以"脱贫能力为基础、可能能力为核心"的贫困人口分析框架和行動邏輯。二是聚焦動態貧困，通過多種針對性的形式，培養貧困人口的可持續發展能力，減少其貧困脆弱性，提高職業教育扶貧的針對性與有效性。三是引入 PPP 模式，構築多方聯盟、協同推進的扶貧格局，具體體現在：通過發揮政府主體作用，構建複合型貧困治理體系；彰顯社會工作優勢，實現多元資源與精準扶貧的有效對接；依托互聯網技術，構建多方協同的職業教育發展聯盟等。

瞿連貴和石偉平（2019）認為，在脫貧攻堅決戰決勝階段，職業教育在減貧脫貧中的地位和作用愈加突出，已成為各級政府減貧脫貧的重要舉措，發揮着關鍵作用。但職業教育反貧困因政策的應急取向產生的持續性限度、反貧困項目的粗放實施產生的實效性限度、貧困主體意識薄弱產生的動力培育限度，制約着職業教育反貧困功能的發揮。更好地發揮職業教育反貧困功能，有賴於三個方面的轉變和突破，即政策取向從應急性向系統性轉變、項目實施從粗放向精準轉變、貧困者自身從被動脫貧向主動脫貧轉變。

瞿連貴和石偉平（2020）進一步從職業教育反貧困的理論共識即能力貧困、教育反貧困和職教賦能的內在關聯出發，分析了近年來我國職業教育反貧困中政府主導、院校發力、區域統籌的行動邏輯。首先，在政府主導下，通過統籌各方力量着力推進職業教育反貧困社會化、加大資助力度着力提升貧困人口人力資本、加大風險調控切實降低貧困人口的直接支付成本和未來風險預期等，充分動員資源保障貧困人口獲得職業教育的機會。其次，激發院校辦學活力，通過以需求為導向確保貧困人口留得住，以校企融合促進貧困人口學用合一，立足地方產業發展開設專業，引導貧困人口就地就近就業等，確保貧困人口留得住、學得好。最後，通過推進職業教育的東西協作確保貧困學生享受優質資源、實現優質就業，實現職業教育反貧困的區域統籌。在職業教育反貧困實踐中，我國形成了以技能培養為基礎、以技能利用為保障、以技能積累為目標的職業教育反貧困經驗。隨着貧困治理重點轉向相對貧困、貧困治理內容转向能力贫困治理及治理方式的现代化，涵盖职业生涯历程的终身化职业教育和技能培训将成为一种基础性、普惠性和规范性的制度安排，肩负着摆脱贫困、预防贫困、实现发展的重要使命。

李强谊、钟水映和曾伏娥（2019）基于中国健康与营养调查（CHNS）1989~2015年的数据，采用分位数回归估计方法（QR），对比分析了职业高中教育和普通高中教育对中国农村居民减贫效果的作用差异，得到如下结论。从收入增长视角看，不管是职业高中教育还是普通高中教育，两者均能够有效地提高农村居民收入水平；从缩小收入差距视角看，职业高中教育和普通高中教育均能够缩小贫困与非贫困居民之间的收入差距，只是相比普通高中教育，职业高中教育缩小收入差距的效果更为明显。研究还进一步发现，职业高中教育和普通高中教育对农村居民的减贫效果在区域与年龄方面存在显著的异质性。他们认为应当破除职业教育与普通教育之间的壁垒，实现"普职融通"；采取针对性的减贫、扶贫政策；提高职业学校教育质量，加强贫困地区职业院校和企业合作。

许宇飞和罗尧成（2020）认为，职业教育参与相对贫困治理目前还存在以下问题：歧视职业教育的观念依然存在，影响职业教育贫困治理效能；职业教育发展水平不高，参与贫困治理能力相对有限；扶贫内容结构不合理，精神扶贫力度需要加强；人才培养定位不够科学，难以满足区域经济发展需要。对此，应通过持续强化职业教育宣传力度，确立科学的职业教育观念；加大各类资源投入，提升职业教育的内涵发展水平；完善扶贫内容方式，注重职业教育的精神扶贫作用；着眼区域发展需要，科学确定职业人才的定位，不断释放职业教育参与相对贫困治理的效能，有效推进相对贫困的治理进程。

吕建强和许艳丽（2020）分析了高等教育扶贫供给状况，认为传统高等教育扶贫观难以抑制贫困再生、离散化的高等教育扶贫制度消解了扶贫效果、失衡的高等教育扶贫资源供给阻碍了扶贫效能发挥，并提出以人为本的理念指引、体系化的制度保障和差异化的资源供给是实现高等教育扶贫精准供给的有效路径。

教育是阻断贫困代际传递的治本之策，教育贫困是后扶贫时代亟待治理的关键问题。许宇飞和罗尧成（2021）认为，职业教育与精准扶贫在目标、对象、内容层面存在较强的内在耦合性，职业教育参与相对贫困治理有利于脱贫攻坚战略的达成、有利于区域社会经济转型升级、有利于阻断农村贫困代际传递。后扶贫时代，职业教育参与相对贫困治理应做好顶层设计：转变扶贫内容方式，注重贫困人口的精神扶贫；调整人才培养定位，满足区域经济的发展需要；加大教育资源投入，促进职业教育的质量提升，不断释放职业教育参与相对贫困治理的效能，有效推进相对贫困的治理进程。

马建富、刘颖和王婧（2021）认为，随着后扶贫时代贫困治理对象、贫困治理重点、贫困治理范式、贫困治理路径的转变，职业教育贫困治理的逻辑与思路也将随之发生变化，即以乡村振兴为依据和动力，注重激发贫困群体内生动力，促进贫困群体人力资本积累。为此，必须构建城乡融合的职业教育贫困治理体系，积极应对"流动贫困"现象；建立重点面向弱势群体的教育培训制度，赋予贫困群体"可行能力"；基于大数据技术设计培训方案，提升职业教育的精准扶贫效能；积极实施"意愿校正"的减贫策略，根除贫困群体消极的"贫困接纳"观念。

汤颖和邬志辉（2021）认为，基于后扶贫时代贫困现象的主要特征，教育扶贫质量的可持续提升有赖于处理好教育发展与教育扶贫、扶智与扶志、农村教育贫困与城市教育贫困、扶贫主体与贫困主体、教育扶贫的国际经验与本土实践之间的关系。后扶贫时代的教育扶贫应诉诸多维视域的系统化行动，在扶贫实践中需进一步凸显教育的功能与精神扶贫的价值，关注特殊贫困人群的主体特征、倾听贫困者的主体诉求，探索国际教育扶贫经验的本地化实践，增强我国教育扶贫经验的国际社会贡献力。

刘佳和蒋洁梅（2020）关注了后扶贫时代的教育扶贫政策信息的治理质效问题，认为教育扶贫政策信息的治理质效直接影响教育最薄弱区域和最贫困群体的受助权益，影响教育反贫困战略的实现与扶贫资源分配的公平公正。在后扶贫时代，政策治理从脱贫绩效的高达成度转向受助人群的政策高认同度和满意度，教育扶贫政策传导中出现的精准性、真实性、迟滞性、认同性和交互性焦虑也会更加突出，从而影响教育扶贫政策目标的价值实现并增加脱贫返贫的治理风险。对此，需要转"后扶贫"为"深治理"，实现教育政策体系的"量""质""效"多向度系统性考量，通过信息动员形成全民性的扶贫政策共识，提高政策工具综合使用的质量，优化教育扶贫信息系统的解释力、对话力和沟通力，实现教育反贫困治理的高效能。

蓝洁（2021）认为，职业教育在激活脱贫个体内生动力，提升可行能力，重建社会资本以及提高脱贫地区经济效率方面具有比较优势，但在防止脱贫个体返贫，提升脱贫个体可行能力，促进脱贫个体体面就业，以及促进脱贫地区产业衔接、产业兴旺、城乡融合等方面仍面临诸多挑战。随着后扶贫时代反贫困战略的升级，职业教育需要做好贫困风险群体的职业精神培养、做强人力资源的深度开发、提升贫困风险群体的社会关系质量，同时优化现代职业教育体系结构，对接脱贫地区产业链条、推动产业兴旺与城乡融合。面向脱贫个体，职业教育需要纵深推进兜底式培训的人性关怀，系统提高脱贫个体的可行能力，帮助脱贫个体获得社会接纳。同时，面向脱贫区域，职业教育需要对接区域生产要素，融入合作治理，推动城乡融合发展。

第四节　特殊群体贫困治理

林瑜胜（2019）关注了我国农村老年人的"贫困沉淀"问题，指出农村老年人的脱贫能力和脱贫资源严重不足，普遍面临年老体弱、受教育程度低和可行动能力不足的困难，农村老年人中出现贫困发生率上升、非制度性致贫因素增加和"贫困沉淀"特征日益明显的新情况。该研究提出完善针对性的反贫困制度的具体路径：通过统筹制定农村老年人扶贫规划和工作、确定农村老年人全面发展的具体部署、出台农村老年人扶贫工作产业联动措施等，构建更加均衡的区域经济发展制度，消除区域贫困沉淀；通过完善社会政策、提高农村老年人可支配收入水平、改善农村老年人整体健康状况，构建更加健全的老年发展制度，消除群体贫困沉淀；通过建设社会共济文化、发扬社区互助传统、增强个体自助心理等，构建更加积极的反贫困文化制度，消除心理贫困沉淀。

林宝（2020）关注了现代信息技术飞速发展情况下老年群体面临的数字鸿沟问题，认为老年群体处于数字鸿沟中相对劣势的一端，应当成为数字贫困治理的重点对象。该研究提出治理老年数字贫困要从改善收入入手，通过增强老年人的相关技能、提高相关应用的适老性来提高老年群体的数字应用能力，同时积极推动建设智慧老龄社会。

白增博、汪三贵和周园翔（2020）提出，随着人口老龄化与城镇化发展，农村留守老年人口逐渐增多，加上农村老年群体增收困难、传统家庭养老功能式微以及农村社会保障能力不足等因素，农村老年人将是相对贫困治理的重点特殊人群。关注农村老年人贫困不仅是应对人口老龄化、推进城镇化以及巩固脱贫攻坚成果的需要，也是乡村振兴战略的题中之义。要把解决农村老年人贫困问题融入乡村振兴战略，统筹规划；创新对农村老年人的多维精准识别与帮扶机制，推动"扶贫"向"防贫"转变；健全农村社会保障制度，提升农村老年人的幸福感；构建多层次的农村养老服务体系，提高养老保障供给水平，构建农村老年人贫困治理长效机制。

王武林、纪庚和黄丹阳（2020）基于公共政策的视角，运用2010～2018年《中国农村贫困监测报告》数据，对西部农村贫困人口的时间和空间演变特征进行深入分析，结果发现：（1）西部农村贫困人口数量占全国的比重上升；（2）西部农村贫困人口的分布与生态脆弱、气候脆弱区的分布高度耦合；（3）西部农村贫困人口总量西北少、西南多，农村贫困发生率西北高、西南低；（4）西部农村贫困人口重心向西北纵深转移。他们提出，新时代西部地区巩固脱贫攻坚成果需要建立农村贫困人口动态监测数据库，创新贫困治理省级联动机制，持续优化农村社会保障机制。

李颖慧、窦苗苗和杜为公（2020）关注了女性贫困问题，他们在利用"中国综合社会调查"2017年的女性样本数据对女性贫困的影响因素进行研究的基础上，认为教育和就业是影响女性贫困的最重要的因素；健康对农村贫困女性脱贫作用较大，社会地位对城市贫困女性脱贫作用较大；婚姻对女性脱贫的负面影响主要体现在1949年以前出生的女性上。该研究指出治理女性贫困既要有一般性的措施，还要采取有针对性的措施：继续完善基础教育和职业教育，推行贫困女性教育支持计划，提高贫困女性的文化程度；做好宏观调控工作，保持失业率在合理的水平；重点关注农村贫困女性的健康问题；完善基层组织建设，扩大城市基层选举，增强城市女性政治话语权；对中老年贫困女性制定针对性的福利政策。

陈宁（2020）分析了女性赋权减贫问题，提出应积极塑造减贫的性别理念，推进女性赋权减贫理论的中国化，并在精准扶贫精准脱贫战略的指导下设计女性赋权减贫的相关政策，继而将女性赋权减贫作为一种嵌入机制，为既有减贫模式提供补充和改进。

仲超（2019）构建了"资源分配－作用领域－历史演进"的理论分析框架，对"贫困女性化"的形成与治理进行了分析，从人类社会历史发展的视角考察了家庭、市场、国家和社会四个资源分配领域中性别差异的产生和互动。该研究指出，"生物性别差异－性别分工－社会性别差异"是"贫困女性化"形成的基本机制，时代因素作用下的"社会性别差异扩大化"是"贫困女性化"形成的催化剂。该研究认为由于生物性别差异不可抗拒、性别分工难以打破以及女性就业与贫困治理存在逻辑悖论,"贫困女性化"治理重心应当从市场转向国家和社会领域,应探索性别公平的社会保障制度框架,强化以社区服务为核心的社会支持,同时构建家庭、市场、国家和社会的联动机制,形成"贫困女性化"的治理合力。

王嶂和王辉(2013)针对贫困大学生面临的经济、心理、学习、就业等多领域的复杂困境,指出现行贫困大学生帮扶体系存在帮扶主体单一、帮扶内容僵化、帮扶手段有限等情况,建议从多主体联动、全方位帮扶和多手段参与三方面着手构建贫困大学生多中心帮扶模式。

田朝晖、孙饶斌和张凯(2012)以及田朝辉和解安(2012)关注了三江源生态移民的贫困问题,基于能力贫困理论,认为三江源生态移民贫困的根源在于可行能力受损或缺失,并提出应开展教育和技能培训、促进特色产业发展和经济增长、增大移民就业空间、建立健全就业帮扶政策体系及成立各类以摆脱贫困为目标的经济合作组织等社会救助策略。

第五节　特殊地区贫困治理

胡原、金倩和曾维忠等(2020)借鉴 A – F 多维贫困测量方法,提出多维贫困治理的测量方法,并利用四省藏区 484 份农户调查数据,对四省藏区农户的多维贫困治理绩效进行测量与分解。该研究指出四省藏区在收入和住房维度的治理绩效突出,但贫困农户的现代思想与发展意识还较为匮乏。该研究指出,在安排教育、住房、医疗等扶贫项目时,扶贫工作不能单纯追求数字层面或指标层面的脱贫,而应当辅以教育引导,转变贫困农户的落后意识,同时把基础教育作为解决四省藏区深度贫困问题的突破口,防止教育贫困的代际传递。

袁金辉和杨艳花(2021)基于渝东北地区 511 家农户的问卷调查及访谈发现,现阶段深度贫困地区仍然面临着收入来源单一与内生动力不足导致的持续增收难度大、致贫因素多与社会保障不健全导致的返贫风险大等突出问题。该研究认为，2020年后深度贫困地区的贫困治理应坚持精准思维，做好脱贫攻坚与乡村振兴统筹衔接的顶层设计；建立健全分层分类的现代扶贫体系，构建协同扶贫机制；创新增权赋能方式，全面激活贫困群体脱贫致富的内生动力机制；关注特殊困难群体，完善深度贫困地区社会保障体系建设机制等。

许源源（2019）认为，深度贫困地区的贫困主要表现为物质资本、人力资本和社会资本的短缺。政府治理工具、市场治理工具和社会治理工具在该地区发挥了重要作用，但也存在过于强势的政府治理工具影响扶贫绩效、强调盈利的市场治理工具排斥真正的贫困者、尚显稚嫩的社会治理工具缺乏持续的扶贫能力等问题。因此，必须结合贫困农民需求，将差异化与可持续性相结合，优化配置治理工具。

王汉杰、温涛和韩佳丽（2018）基于社会福利函数构建理论分析框架，采用2018年中国深度贫困地区微观农户调查数据，实证检验了深度贫困地区农村金融的收入分配效应。该研究发现，深度贫困地区农村正规金融显著降低了农户内部收入差距，而农村非正规金融则扩大了农户内部收入差距；从内部结构差异来看，深度贫困地区农村非正规金融的收入不平等效应主要表现为扩大了农户的非农收入与财产性收入的差距。该研究建议深度贫困地区在利用金融工具助推脱贫攻坚过程中应切实保障金融扶贫资源的精准投入，引导农村非正规金融健康发展，同时加强培育深度贫困群体的发展能力。

高杰和郭晓鸣（2020）认为，深度贫困地区的贫困治理面临着区位偏远、资源分散、发展基础薄弱等制约，但良好的生态资源基础、稳定的合作传统和环境友好的生产方式也使深度贫困地区具备脱贫和持续发展的独特优势。实现深度贫困地区脱贫和持续发展，需要实施更加符合实际特征和现实需求的扶贫政策。

肖军飞和周燕（2020）从健全自治、法治、德治相结合的乡村治理体系要求出发，以云南省盐津县为例，分析了深度贫困地区实现乡村"善治"的途径：坚持"自治是核心、法治是保障、德治是载体"，将国家意志有效渗透至乡村治理体系中，重塑国家在乡村治理中的权威，有效激活乡村治理要素，构建起国家与乡村社会、市场的良性互动系统。

李博（2020）基于韧性治理逻辑，分析了深度贫困地区巩固脱贫成果的主体韧性、客体韧性、载体韧性，提出后脱贫时代深贫地区通过韧性治理巩固脱贫成果的可行路径：制定专门面向深度贫困地区脱贫人口的返贫预警机制与防贫政策体系；通过实施乡村振兴战略、社会综合治理、文化惠民工程、东西部扶贫协作等，巩固深贫地区脱贫成果。

李俊杰和陈浩浩（2015）分析了民族地区扶贫开发的制约因素，提出民族地区扶贫开发的出路在于打破生态环境的恶性循环；依据不同地区的综合承载能力，有区别地控制人口数量；加快民族地区教育事业发展；加大对民族地区的对口支援力度。李俊杰和耿新（2018）认为薄弱的基础设施、脆弱的自然资本、封闭的文化观念、低层次的市场化水平和特殊的政策规划是深度贫困产生的原因。

覃志敏和陆汉文（2014）关注了农耕藏区劳动力转移与贫困治理问题，发现农耕藏区劳动力主要转向城市的非正规部门，从事具有民族特色的商务活动，并获得了明显的减贫效益。但由于农耕藏区生态环境脆弱，可利用资源匮乏，公共服务设施差，人力资本水平低，留村居民和转移劳动力均面临巨大的发展困难。

刘天平、徐爱燕和邓发旺（2013）分析了西藏农牧区的贫困治理问题，认为针对该地区生存环境恶劣、自然灾害频发、经济实力薄弱、发展能力低下、人力素质不高、资金投入不足等特殊困难，贫困治理的重点应该是创新管理结构、发展特色产业、调整教育结构和强化基层政权。

张建伟和陈鹏（2020）系统梳理了党的十八大以来西藏各地脱贫攻坚取得的成就，总结了西藏脱贫攻坚的基本经验，即中国共产党的领导为西藏脱贫攻坚指明了方向、先进的执政理念为西藏脱贫攻坚提供了根本遵循、顶层设计为西藏脱贫攻坚厘清了发展思路、对口支援和结对帮扶为西藏脱贫攻坚注入新动力、驻村干部为西藏脱贫攻坚保驾护航、易地搬迁是西藏脱贫攻坚的加速器、六大产业齐发力为西藏脱贫攻坚注入新引擎等。

李伯华、陈佳和刘沛林等（2013）对湘西少数民族地区的农户贫困脆弱性进行了实证分析，认为相对落后的经济状况、不完善的社会保障制度以及恶劣的自然环境是影响湘西少数民族地区农户贫困脆弱性的主要因素，且不同区域农户面对风险时的抵御能力有较大差别。该研究提出了提升农户抵御风险能力的对策建议：改变扶贫开发模式，开展发展式和参与式扶贫项目；创新贫困检测模式，建立动态扶贫监测管理新模式；统筹城乡发展，实现公共服务资源均等化；推广生态扶贫计划，遏制自然环境恶化等。

杜明义和余忠淑（2013）以四川省藏区为例，对生态脆弱区的生态贫困治理进行了分析，认为生态资本水平偏低导致生态脆弱区生态贫困蔓延，并提出化解生态贫困的建议：加大生态资本投资，提高生态资本水平，同时积极提高生态资本经营水平，增加人们的收益。

冯朝睿（2020）从产业扶贫、教育扶贫、社会保障扶贫等七个方面构建了云南集中连片特困地区多中心协同反贫困治理评价指标体系并运用多层次模糊综合评价法对这些地区多中心协同反贫困治理效果进行了量化统计分析，为评价贫困治理绩效提供了工具借鉴。

唐海燕（2020）认为，树立科学、理性、健康的财富伦理观是后脱贫时代实现少数民族整体脱贫、全面脱贫的关键。重农抑商文化与义利观的异化、绿色思维的缺失、无节制的财富使用等导致当前部分少数民族贫困者的求富观、致富观与消费观并不健康。对此，要建构财富与道德并行的科学求富观、勤劳致富与生态保护并进的健康致富观、勤俭节约与量力支出并重的理性消费观。

王家斌和荆蕙兰（2020）分析了后扶贫时代青海涉藏地区的相对贫困问题，认为随着扶贫工作从主要消除绝对贫困向缓解相对贫困转变、从主要解决收入贫困向解决多维贫困转变、从重点解决农村牧区贫困向统筹城乡减贫转变，后扶贫时代青海涉藏地区要在防止返贫的基础上，以减少贫困增量、缩小贫富差距与区域发展差距为导向，深刻把握贫困演变趋势和相对贫困治理的现实困境与挑战，探索构建益贫性经济增长机制、可持续增收的包容性社会发展机制和相对贫困治理的基础性机制，实现相对贫困治理常态化、相对贫困治理机制长效化。

第六节　脱贫攻坚与乡村振兴的有效衔接

李楠和黄合（2020）提出，脱贫攻坚与乡村振兴有效衔接的内在逻辑表现为二者具有一脉相承的战略目标、相互耦合的战略原则、交织融合的战略内容和前后相继的战略时序。

高强（2020）认为，在乡村振兴战略背景下，促进贫困治理全面转型，需要继续保持和发挥制度优势，从多维扶贫、城乡扶贫、制度扶贫、社会扶贫四个战略重点出发，对现有扶贫政策进行微观调适，构建与乡村振兴战略相融合的减贫政策框架，形成农业农村优先发展的体制机制，推动乡村全面振兴。

汪三贵和冯紫曦（2019）认为，脱贫攻坚在体制机制、政策落实、成效认定等方面积累了一定的成功经验，为实现乡村振兴提供了良好的借鉴。随着乡村振兴战略的实施，应逐步对政策目标群体、政策内容和体制机制做出调整，实现脱贫攻坚与乡村振兴在重点目标、体制机制、政策措施、成效认定等多方面、全方位的有机衔接。

贾晋和尹业兴（2020）提出，脱贫攻坚与乡村振兴两大战略的有效衔接关系到我国"三农"工作重点的稳步承接和调整，需要把握和厘清二者的深刻内涵和逻辑关系，明确两大战略协同推进和平稳过渡的政策着力点，从产业升级、基础设施提档、宜居乡村建设和农民持续增收等关键路径实现有效衔接；通过完善有效衔接领导与组织机制、落实协同推进统筹机制、建立政策衔接运行机制三个方面发力，为推动脱贫攻坚与乡村振兴衔接工作的落实提供基础保障。

陈明星（2020）认为，脱贫攻坚与乡村振兴的衔接仍面临短期效应与长期目标内在冲突、减贫行为与贫困治理尚不匹配等多重现实困境。顺利推动两者在工作理念、工作重点、工作方法的有效调整和衔接，需要在把握减贫、贫困治理和乡村振兴内在关联的基础上，着力推动理念衔接、目标衔接、成果衔接、作风衔接和政策衔接，在城乡融合、产业振兴、社会保障、公共服务等重点领域和关键环节，创新谋划、统筹推进。

唐任伍（2020）分析了脱贫攻坚与乡村振兴有效衔接的田东样本，将其经验总结为：从产业扶贫到产业振兴转变；从生态扶贫到生态振兴转变；从文化扶贫到文化振兴转变；从人才扶贫、治理扶贫到人才振兴、治理振兴；从"两不愁、三保障"到"生活富裕"；以生态固本实现生态宜居；以"新发展理念""新发展格局"改善人民生活品质、提升人民福祉水平。

王永生、文琦和刘彦随（2020）指出，精准扶贫旨在补齐乡村发展的短板，是乡村振兴的重要基础；乡村振兴可以巩固脱贫成果，是精准扶贫的有力保障。该研究认为，在精准扶贫和乡村振兴的交汇期，应同步推进和实施两大战略，按照人－地－业－财的耦合协调状态，设定贫困地区精准脱贫量表，实现贫困地区乡村稳定与持续脱贫；设定县域乡村振兴率、村域居业协同度等指标，为乡村振兴成效评估提供定量考评依据。

鲁可荣和徐建丽（2020）分析了泗县农村贫困治理的实践创新：坚持"三精准"标准，精准开展农村贫困治理；有效实施住房、教育、医疗"三保障"，为贫困人群及弱势群体提供基本社会保障；强化产业扶贫和就业扶贫、创业扶贫联动,提升脱贫攻坚与乡村发展的产业基础;统筹农村基础设施、基本公共服务、基本村容村貌建设,着力补齐脱贫攻坚和农村发展短板,有效推动城乡融合发展;搭建多种载体和平台,培育文明乡风,激发脱贫攻坚和乡村治理的内生动力等。该研究将其经验归纳为:加强党对农村贫困治理工作的全面领导,着力打造高质量脱贫攻坚的领导组织体系;尊重乡村发展规律,挖掘利用乡村价值,有效促进乡村产业发展、生态宜居和乡风文明;强化上下联动,扶贫与扶志相结合,激发多元主体共同参与贫困治理,培育脱贫攻坚与乡村振兴的组织人才力量。

郑瑞强和郭如良(2021)从"双循环"背景出发,提出实现脱贫攻坚与乡村振兴有效衔接,应准确把握"双循环"新发展格局中"空间重构基础上要素组合优化和区域高质量发展"的战略要义,从减贫规律认知升华、发展自觉、资源配置优化与延续效应发挥三个层面分析脱贫攻坚与乡村振兴有效衔接的内在逻辑,厘清"双循环"新发展格局对于脱贫攻坚与乡村振兴有效衔接工作的机遇与挑战。该研究提出应着力做好产业转型升级、相对贫困治理、全域生态宜居环境创建、新时代文明实践中心高质量建设、乡村治理体系与治理能力现代化协同推进、城乡融合发展等领域的工作,推进脱贫攻坚与乡村振兴的有效衔接及其与"双循环"新发展格局建设的良性互动。

第七节 贫困治理转型及对策

随着我国精准扶贫战略的实施,对贫困治理转型的研究逐渐成为理论热点。2019年10月,党的十九届四中全会提出"建立解决相对贫困的长效机制",围绕相对贫困治理尤其是相对贫困治理长效机制的研究日渐丰富。

一 贫困治理转型

郑会霞（2020）认为，2020 年后我国将进入以相对贫困、精神贫困、次生贫困等为治理重点的后扶贫时代，经济社会发展过程中呈现出的新矛盾与脱贫后的高返贫风险依然存在，贫困治理面临不同形式、不同特征、不同程度的困境和挑战。

雷勋平和张静（2020）指出 2020 年后我国贫困治理面临六大困境，即贫困测度指标体系不完善，贫困识别难度较大；返贫预警机制不健全，返贫风险化解难度加大；贫困治理主体互动关系异化，贫困治理内生动力不足；协同治理机制不完善，长效治理机制亟须建立；国家治理体系和治理能力现代化持续推进，贫困治理现代化亟待实现；扶贫措施供给与贫困需求匹配不够，市场扶贫主体急需介入。

施海波和吕开宇（2020）认为，2020 年后，由于我国整体贫困语境有所变化，需要适时将"扶贫"切换成"反贫困"。从两类主体的现实"声音"来看，顶层设计者高度重视 2020 年后反贫困战略的系统研究与谋划，聚焦乡村振兴与脱贫攻坚的统筹衔接，关注返贫和相对贫困、多维贫困、城乡贫困；在机制设计上，顶层设计者正在持续巩固脱贫攻坚成果，谋划调整贫困标准，规划具体实施路径。学界研究者主要关注的是 2020 年后反贫困形势变化与战略调整，争论的核心是未来贫困空间形态是否发生变化、贫困线划定与否及反贫困政策是否需要过渡期。由此可见，顶层谋划的是政策方向、学界探讨的是理论基础，两种"声音"相互呼应、支撑与依赖，但也各有侧重。值得关注的是，基层干群们作为反贫困事业的主体，他们对政策的期盼是现实需求，然而，他们在现实中却"集体失语"。未来，在谋划与制定 2020 年后反贫困战略时要重点关注不同主体的"声音"。

费雪莱（2019）从反贫困治理目标的理论表达和现实张力出发，认为反贫困治理面临区域发展不平衡加剧贫困问题差异化、乡村资源分配不均加剧贫困群体边缘化及文化冲突加剧价值观与个人行为离散化等现实问题。2020年后反贫困治理的转型应克服二元认识视角,重塑经济与文化、技术理性与文化价值间的关系,以巩固经济底线为前提,以文化价值重塑为内容,构建反贫困共同体格局。

左停和李世雄(2020)认为,2020年后的中国贫困总体上表现为相对贫困及特殊群体贫困、刚性支出或不合理支出过量导致的支出性贫困、城乡二元结构影响下的城乡流动性贫困、受风险冲击产生的暂时性贫困,以及区域不平衡的发展型贫困等。反贫困的公共政策应遵循加强能力建设、发展市场经济、完善公共服务、加强社会保护等路径,为贫困人口提供更多的基础福利、发展条件、就业机会和兜底保障等。2020年后的贫困治理需要在承继现有开发式扶贫和保障性扶贫举措的基础上,进一步深化、升级开发式扶贫和完善拓展保障性扶贫,并强化二者在制度、政策、实践等多个层次上的融合互嵌。

张梦娣、张涛和张玉秋(2020)认为,2020年后我国扶贫开发由提高减贫效率转为提升减贫质量,反贫困工作应在扶贫产业发展、相对贫困治理、乡村公共服务保障、贫困乡村治理、绿色减贫发展五个方面加强探索和实践。具体来说,应科学规划和发展扶贫产业,提高产业减贫质量;探索相对贫困治理方式,提升贫困治理能力和治理体系现代化水平;强化供给力度,提升乡村公共服务均等化水平;提高乡村治理水平,促进贫困乡村振兴;推动生态文明建设,实施绿色减贫新机制。

翟绍果和张星(2021)认为,2020年绝对贫困消除以后,我国贫困风险将呈现新的特点,以韧性为治理重点的反贫困工作将成为新阶段的重点。对此,应在巩固前期脱贫成果的基础上循序渐进,从增强资源、能力、机会入手,在减贫、扶贫的基础上推进反贫困,构建更加完善的政策体系:一要围绕经济资源、健康能力与社会机会调整贫困治理政策方向;二要围绕减贫、扶贫与反贫困优化贫困治理政策机制;三要围绕脆弱性、包容性与韧性完善贫困治理政策体系。

　　燕继荣和王禹澔（2020）认为，中国反贫困从计划经济平均主义的生存救济，到改革开放后以经济发展为主导的开发式扶贫，再到新时代经济发展与社会保障并重的精准脱贫，正在进入国家－社会－公民协同、以消除人们能力和发展机会的制度性限制为核心的贫困治理新时期。中国相对贫困治理主要面临巩固既有脱贫成果和应对新的贫困两大课题。当前，脱贫人口的发展能力还比较脆弱，脱贫人口返贫和新增贫困人口的压力还会长时间存在；深度贫困地区的人口暂时摆脱了贫困但仍将长期处于相对贫困状态。同时，包括城市贫困群体、农民工群体及农村留守人员等在脱贫攻坚中未覆盖到的群体在反贫困工作中需要进一步关注。2020年后的贫困治理应在坚持以人民为中心、共同富裕的理念下，持续建立、优化、完善制度，由救济式扶贫、开发式扶贫、精准脱贫转向以制度化建设为方向的贫困治理，不断推进贫困治理体系和治理能力现代化。

　　张涛和王春蕊（2020）分析了后脱贫时代贫困治理的新特点：从绝对贫困到相对贫困，从农村贫困到城市贫困，从外生型"帮扶"到内生型"自我发展"，从生产、生活环境改善到民生保障提质升级，从"应对和治理"到"预警和预防"，从阶段化到长期化、常态化。该研究提出后脱贫时代中国贫困治理的路径：统筹常规化与城乡一体化，更新贫困治理框架；关注新增贫困和返贫人口，预防支出型贫困；推进城市化与乡村振兴战略，培养内生脱贫动力；建立贫困预防机制，进行贫困监测与预警。

　　李小云（2020）认为，2020年后，贫困更多地呈现出相对和多维度的特点，作为缓解经济社会发展张力的重要政策工具，贫困治理不仅应着眼于贫困群体本身的收入分配、社会保障、教育医疗等具体问题，而且要着眼于国家改革发展的大局，更多地依托经济发展、公共财政以及公平就业等方面的政策措施建立缓解相对贫困的长效机制，从以往的扶贫战略向"防贫"战略转变。

王晓毅（2020）认为，相对贫困治理的目的在于防止脆弱人群陷入贫困、缩小社会差距、实现共同富裕。为此，中国的贫困治理机制要从绝对贫困治理转为相对贫困治理、从超常规贫困治理转变为常规贫困治理，转变的核心是从聚焦贫困地区转变为聚焦贫困人群。"十四五"期间，首要任务是巩固精准脱贫的成果，同时逐步建立相对贫困治理机制，实现扶贫战略的转型。

陈基平和沈扬扬（2021）指出，由于我国现行贫困标准较低，消除绝对贫困后，仍有大量相对贫困人群集中在中西部欠发达地区，且相对贫困人群存在受教育程度不足、劳动能力缺失、身体健康程度较差的问题，我国应尽快将相对贫困纳入贫困度量的统计监测指标，从关注生存贫困转变为关注发展贫困。

二 相对贫困治理对策

邢成举和李小云（2019）认为相对贫困具有相对性、转型性、发展性、多维性、结构性等特征。因此，在统筹考虑相对贫困内涵的基础上建立普遍性与特殊性相结合的新型贫困治理机制，应转变现有的贫困治理理念与话语、制定新的贫困治理战略、完善贫困治理体制、整合贫困治理路径。邢成举（2020）指出城乡融合发展既有助于缓解相对贫困，也加大了对相对贫困治理的挑战，在此背景下进行贫困治理工作，应基于不同区域的发展差异，建立具有城乡和区域差异性的相对贫困标准，针对具体的贫困形态制定更有针对性的扶贫方案；同时，还应在全国层面建立相对统一的治理战略。邢成举（2020）认为，相对贫困长效治理机制需建立国家与地方相结合、城乡融合的相对贫困识别标准，强化政策过渡期的脱贫攻坚质量提升与成效巩固工作，做好政策延续与政策创新的统筹工作，实现扶贫政策、区域发展政策、社会保障政策与城乡融合发展政策的统合。

宁亚芳（2020）认为，缓解支出型贫困是我国相对贫困治理的重点。因此，2020 年后有必要以农村低保标准作为贫困标准，逐步统一城乡低保标准，并结合阶梯式多层次贫困人口识别和救助办法，实现救助对象多维性和救助待遇多层次性。这不仅符合多维贫困理论和发展型社会政策的贫困治理理念，也可以以较低的制度改革成本调整贫困标准，更能体现贫困治理的中国特色。

王政武（2002）认为，相对贫困标准确定难度大、相对贫困群体构成复杂且广泛、反贫"管理机构分治""政策体系分割""治理力量分散"、相对贫困治理联动协同机制缺失等问题将深刻影响相对贫困治理的进度和成效。联动性、协同性、普惠性、常规性和制度化等贫困治理逻辑决定了相对贫困治理的重点方向和突破口。由此，要制定层级性、差异性和动态性的相对贫困标准，培育和增强统筹城乡的相对贫困治理的内生驱动力，整合城市社会救助和农村扶贫开发政策，建立统筹城乡的相对贫困治理管理机构、信息救助系统和政策衔接机制，建立要素共融、空间共建和发展共进的城乡融合发展联动格局。

林闽钢（2020）分析了绝对贫困与相对贫困的理论争论，认为我国相对贫困治理应借鉴绝对贫困治理的经验并建立新战略。在机制上，充分发挥基本公共服务的作用，建立相对贫困人口发展的基础性机制；形成"政府主导、社会参与、市场促进"的贫困治理的整体性机制；建立干预代际贫困传递的阻断性机制。在具体措施上，围绕低收入家庭，要建立生活负担减免制度；健全以生产帮扶和就业帮扶为主的专项援助制度；按需救助，对低收入户开展"救助会诊"；建立相对贫困家庭陪伴式服务制度。

周国华、张汝娇和贺艳华等（2020）认为乡村相对贫困治理必须从乡村聚落的整体优化出发。基于乡村聚落与相对贫困治理的内在关联，该研究分析指出乡村相对贫困的形成与聚落要素、功能密切相关，并因区位、布局、规模、形态的差异而有所不同；乡村聚落是乡村相对贫困治理长效机制建立的空间基础，乡村相对贫困治理长效机制的建立要充分发挥乡村聚落的要素支撑与空间载体功能。同时，该研究提出了包括振兴村落产业、优化村落空间组织、强化村落文化认同、建立绿色生态村落等在内的乡村聚落优化策略。

代正光（2021）认为，在解决绝对贫困转向缓解相对贫困的过程中，贫困县面临着从生存能力到发展能力的任务转换、从政府主导到多元参与的方式转变、从点状扶持到块状服务的政策取向转变等困境，转变的迫切需求与现实惯性之间的矛盾易使贫困县陷入转型之痛、资源之困、策略之变等实践性困境。对此，须从目标、策略、标准、结构、制度五个层面通过任务阶段化、策略稳定化、标准动态化、结构系统化、制度常态化等建立起缓解相对贫困的长效机制，以克服贫困县在开展深度扶贫和推动乡村振兴时所面临的挑战和困境。

向德平和向凯（2020）提出，当前中国的相对贫困主要表现为区域性贫困、城市贫困、农村边缘贫困，其有效治理必须建立相对贫困动态识别体系，坚持阶段性与渐进性结合、普惠性与差异性结合、参与性与包容性结合的治理原则，统筹建立相对贫困综合治理体系。

郑继承（2020）认为，相对贫困的多维性与动态性决定了治理的长期性与复杂性，也将导致治理思路在价值内涵、衡量标准、瞄准对象、战略目标、路径策略等方面产生重大变革。中国贫困治理进入解决相对贫困问题的新阶段，围绕转型机制、动力机制、衔接机制、保障机制和责任机制等关键点建立解决相对贫困问题的长效机制，既是我国贫困治理历史阶段性转轨的现实需求，又是切实有效解决相对贫困问题的必然选择。从转型机制来看，应统筹考虑绝对贫困与相对贫困两个阶段理论指导的统一性、基本方略的延续性、瞄准识别的一致性、战略目标的渐进性，注重已有政策和后续政策的连续性、财政资金投入分配的侧重性，实现绝对贫困治理与相对贫困治理的有序衔接。从动力机制看，必须正确处理好政府、市场和社会的关系，不仅要发挥"有为的政府"的作用，还应依靠"有效的市场"的活力，还必须积极发动"社会力量"的参与。另外，还需要建立乡村振兴战略和贫困治理的衔接机制，建立更加全面、科学、完备、系统的保障机制，建立相对贫困区域减贫政策的跟踪监测机制，将扶贫开发工作纳入规范化、制度化和法治化轨道。

章元和段文（2020）从相对贫困概念的提出、相对贫困线的设置、相对贫困研究面临的难题和挑战等方面进行了梳理和讨论，在比较中国精准扶贫标准与世界标准的基础上，建议将农民中位数收入的50%～60%作为相对贫困线的上下限，提出坚持多维贫困的科学思想、将城市相对贫困纳入治理范围以及理顺收入分配问题以推动建立相对贫困治理的长效机制等对策建议。

吴振磊和王莉（2020）指出，造成相对贫困的主要原因是发展不平衡、不充分和分配不平衡，这也体现了我国社会主要矛盾的转化。我国相对贫困主要呈现治理对象的多元化、致贫要素的复杂性、治理任务的多重性等特点，相对贫困治理面临"被动型"贫困人口与参与性市场主体的矛盾、"支持型"扶贫载体与竞争性外部环境的矛盾、多元化困境与可持续生计能力提升的矛盾等。该研究从制度、组织、能力三个维度提出了治理相对贫困的重点：一是通过科学制定新的贫困标准、完善城乡融合发展制度、完善收入分配制度及优化要素配置的激励约束制度等形成科学制度安排；二是结合乡村振兴战略，大力拓展农村贫困劳动力的组织平台并做好重点人群的社会化融入工作等，提升生产组织化水平；三是通过加快"新基建"与乡村振兴的有机结合、完善多层次公共服务保障体系及加强贫困人口人力资本建设等，提升相对贫困治理的内在动能。

吴振磊（2020）进一步指出，相对贫困治理体系重塑的主要任务是完成五个转变：从降低贫困发生率向建立防止返贫机制转变，从解决为收入贫困为主的单一贫困向解决多维贫困转变，从"运动式"扶贫向常规化扶贫机制构建转变，从解决农村贫困为主向农村贫困与城市贫困兼顾转变以及从政府、企业、中介组织多头治理向协作治理转变。

范和生和武政宇（2020）提出，新时期的相对贫困治理机制的构建主要面临政策有效性、脱贫可持续性、能力贫困、人文贫困、精神贫困五大困境，应以制度保障、产业培育、能力建设、人文发展、心理服务五大机制为重点，构建起相对贫困治理长效机制。

罗贵榕和刘俊显（2020）关注了乡村相对贫困治理的长效机制问题，认为农村相对贫困主要源于乡村低收入人口占比高、对农民的社会保障不到位、公共服务与基础设施不足、乡村生产方式和生产力的现代化程度不高等。建立乡村相对贫困治理的长效治理机制，一是建立动态与多维的相对贫困识别系统；二是加强乡村相对贫困治理的顶层设计，完善各项社会保障制度；三是采取有效措施，加强乡村基层组织的现代化建设；四是通过因地制宜发展绿色产业，打造"线上 + 线下"一体化互联网营销模式，全面建构乡村减贫赋能的现代化生产经营模式。

李鹏飞和黄丽君（2020）提出治理相对贫困问题要发挥党总揽全局的制度优势，实施城乡一体化治理，并建立相对贫困治理长效机制。具体而言，要加强顶层设计，构建多维动态识别体系；建立返贫预警监测体系，提高治理预见性；构建数字农业综合服务体系，夯实乡村振兴基础；强化"攻心为上"的制度安排，解决"精神贫困"问题；健全大扶贫发展模式，释放社会力量的治贫潜力。

李海金（2020）特别关注了全面建成小康社会与解决相对贫困的扶志扶智长效机制问题。他认为，贫困问题从生存型贫困向发展型贫困的转变及相对贫困长期性、多维性、动态性等新特征，决定了以提升贫困人口内生发展动力为目的的扶志扶智机制在解决相对贫困问题中的重要性。在此基础上，该研究提出了扶志扶智长效机制的路径创新建议：在能力提升层面，优化益贫带贫机制，强化公共参与机制，实现低收入人口的可持续生计；在政策执行层面，聚焦低收入人口需求，调整帮扶方式，提升减贫发展政策与欠发达地区实际的契合度；在精神文化层面，教育培训与行为干预并重，激发低收入人口脱贫致富的自主性与能动性；第四，在社会治理层面，依托基层社会组织，重建低收入人口与乡村社会的联系。

檀学文（2020）提出基于走向共同富裕的相对贫困治理思路，认为我国应在共同富裕的框架下建立相对贫困的治理目标；制定多元的相对贫困标准体系；坚持发展支持战略与政策导向，结合国情适度调整经济增长、人力资本投资、社会保障"三支柱"战略；优化大扶贫格局，实行制度化、法制化的贫困治理。

孙咏梅（2020）提出解决相对贫困问题的思路：瞄准相对贫困，建立解决相对贫困的长效机制；防止脱贫返贫，推进扶贫方式由集中作战向常态化运作演进；保障扶贫效果的稳定性，强化解决相对贫困问题的顶层设计。

李武装和刘梦媛（2020）提出了相对贫困治理的对策：一是制定科学动态的相对贫困标准；二是转变贫困治理理念，提高政府治理效能，建立解决贫困问题的长效机制；三是进一步提升区域发展水平，缩小区域发展差距，保障发展成果由人民共享；四是在巩固脱贫攻坚成果的基础上稳步提升贫困人口的内生动力；五是保证当下精准扶贫与未来减贫工作的有效衔接。

王思斌（2020）认为，对相对贫困应该采取发展型治理策略，通过发展经济、构建社会支持体系、提升贫困群体能力、实现城乡公共服务均等化来促进相对贫困的缓解，同时避免采用对农民造成伤害的土地征用方式和城市化路径。

李洪、蒋龙志和何思好（2020）提出"一线一体系"的相对贫困识别体系，并运用改良后的马丁法和 A-F 法实证研究了四川省 X 县的农村相对贫困问题。他们认为，农村相对贫困识别标准需要结合多维相对贫困评价体系进行动态调整；相对贫困长效治理需要将精准思维与防贫监测预警机制结合起来，并划分不同预警等级与缓冲区，为政府及时干预、识别及退出提供明确思路；后续帮扶要与乡村振兴战略有效衔接，尤其是在长效脱贫机制、长效治理机制、政策接续、要素支撑方面加强建设。

　　李萍和韦宁卫（2020）对我国相对贫困治理的路径进行了分析。他们认为，与绝对贫困治理相比，相对贫困治理在治理目的、衡量标准、瞄准对象、治理模式、战略目标等方面都发生很大变化。相对贫困治理一方面具有较为完善的贫困治理制度支撑及绝对贫困治理取得决定性胜利的有利条件；另一方面也面临现实挑战：产业扶贫基础不扎实、基础设施建设统筹谋划不足；相对贫困群体规模庞大；产业发展、技术进步对贫困人群产生挤出效应等。基于此，该研究提出我国相对贫困治理的路径：第一，促进扶贫产业发展，拓展相对贫困人群收入渠道；第二，发展教育，培育和激发贫困人口内生动力，实现可持续脱贫；第三，推动基础设施和公共服务提档升级，筑牢脱贫基础；第四，加快相对贫困治理的法制化建设，为中国特色反贫困道路奠定法制基础。

　　陈健（2021）认为当前存在迁移性相对贫困、滞后性相对贫困、脆弱性相对贫困、多维度性相对贫困及兜底保障性相对贫困等，且相对贫困治理的难度更大、领域更宽、标准更高。同时，相对贫困治理面临长效机制有待进一步建立和完善、相对贫困群体的内生动力有待进一步培育及可持续发展问题有待破解等主要难点。基于此，该研究提出相对贫困治理的路径建议：一是创新贫困治理的体制机制，建立绝对贫困向相对贫困转化的对接机制、相对贫困的认定标准和识别体系、相对贫困治理的长效机制；二是坚持"内扶"与"外扶"协同联动，建立一体化"扶智"体系与利益共享机制，转变贫困户"等靠要"思想；三是深入实施乡村振兴战略，建立相对贫困群体的就业培训体系和创业支撑体系，为相对贫困群体提供可持续发展保障。

　　郭晓鸣和王蕾（2020）关注了农村集体经济组织在相对贫困治理中的特征、优势与作用机制。他们指出我国农村集体经济在社区治理、公共服务等方面有着不可替代的作用和组织优势。但是，目前农村集体经济组织参与相对贫困治理面临减贫赋权不足、要素流动受限、支持政策缺失等难点，应从整合和优化资源配置以增强动力机制、全方位拓展对外要素合作以强化传导机制、提升治理能力及治理水平以形成对内优化资源配置和对外拓展要素合作的响应机制等出发，构建更具针对性的基本支持框架。

参考文献

白增博，汪三贵，周园翔 . 相对贫困视域下农村老年贫困治理 ［J］. 南京农业大学学报（社会科学版），2020（4）。

陈春霞，石伟平 . 职业教育精准扶贫的实践效能与治理路径——面向"消除贫困"的未来图景 ［J］. 河北师范大学学报（教育科学版），2020（2）.

陈弘，周贤君，胡扬名 . 后精准扶贫阶段农村精准扶贫综合绩效提升研究——基于4 省 38 市数据的实证分析 ［J］. 中国行政管理，2019（11）.

陈基平，沈扬扬 . 从关注生存需求到关注平衡发展——后 2020 我国农村向相对贫困标准转变的政策与现实意义 ［J］. 南京农业大学学报（社会科学版），2021，21（02）：73 – 84.

陈健 . 全面建设社会主义现代化国家视域下相对贫困治理研究 ［J］. 云南民族大学学报（哲学社会科学版），2021，38（01）：5 – 13.

陈明星 ."十四五"时期农业农村高质量发展的挑战及其应对 ［J］. 中州学刊，2020（04）：49 – 55.

陈明星 . 脱贫攻坚与乡村振兴有效衔接的基本逻辑与实现路径 ［J］. 贵州社会科学，2020（05）：149 – 155.

陈宁 . 女性赋权与相对贫困治理 ［J］. 新视野，2020（2）。

陈鹏，王晓利 ."扶智"与"扶志"：农村职业教育的独特定位与功能定向 ［J］. 苏州大学学报（教育科学版），2019（4）.

陈强 . 西藏扶贫：文献综述及研究展望 ［J］. 黑龙江民族丛刊，2020（04）：68 – 76.

陈素梅，何凌云 . 相对贫困减缓、环境保护与健康保障的协同推进研究 ［J］. 中国工业经济，2020（10）：62 – 80.

成卓 . 社会资本视角下破解西部民族地区农村深度贫困难题的路径选择 ［J］. 西南金融，2020（09）：38 – 48.

代正光 . "贫困县" 如何建立缓解相对贫困的长效机制 [J]. 领导科学, 2021 (02): 107 - 110.

董帅兵, 郝亚光 . 后扶贫时代的相对贫困及其治理 [J]. 西北农林科技大学学报 (社会科学版), 2020, 20 (06): 1 - 11.

杜明义, 余忠淑 . 生态资本视角下的生态脆弱区生态贫困治理——以四川藏区为例 [J]. 理论月刊, 2013 (02): 176 - 179.

范和生, 武政宇 . 相对贫困治理长效机制构建研究 [J]. 中国特色社会主义研究, 2020 (01): 63 - 69.

樊卓思, 杨生勇 . 农村空巢老人 "服务贫困" 治理与社会工作介入 [J]. 中州学刊, 2020 (05): 79 - 84.

费雪莱 . 2020 年后乡村反贫困治理转型探析 [J]. 青海社会科学, 2019 (06): 130 - 136.

冯朝睿 . 连片特困地区多中心协同反贫困治理的初步构想 [J]. 云南社会科学, 2014 (04): 159 - 161.

冯朝睿 . 后精准扶贫时代云南集中连片特困地区多中心协同反贫困治理效果评价研究 [J]. 经济问题探索, 2020 (07): 135 - 146.

冯丹萌, 陈洁 . 2020 年后我国城市贫困与治理的相关问题 [J]. 城市发展研究, 2019, 26 (11): 102 - 107.

冯晓龙, 刘明月, 张崇尚, 仇焕广 . 深度贫困地区经济发展与生态环境治理如何协调——来自社区生态服务型经济的实践证据 [J]. 农业经济问题, 2019, {4} (12): 4 - 14.

高飞 . 后扶贫时代的新贫困治理: 社会工作的定位与角色——一个长程的比较视野 [J]. 内蒙古社会科学, 2020, 41 (06): 156 - 163.

高洪波 . 2020 年后中国贫困治理结构新变迁 [J]. 人民论坛·学术前沿, 2019, {4} (23): 26 - 32.

高杰, 郭晓鸣 . 深度贫困地区贫困治理的多重挑战与政策选择 [J]. 中南民族大学学报 (人文社会科学版), 2020, 40 (01): 131 - 134.

高强 . 脱贫攻坚与乡村振兴的统筹衔接: 形势任务与战略转型 [J]. 中国人民大学学报, 2020, 34 (06): 29 - 39.

高强, 孔祥智 . 论相对贫困的内涵、特点难点及应对之策 [J]. 新疆师范大学学报

（哲学社会科学版），2020，41（03）：120 – 128 + 2.

高旸．《"大社会"与"小家庭"——精准扶贫的情感治理经验探析》[J].云南社
　　会科学，2020（2）.

葛道顺：《"十四五"时期构建全面发展性社会政策的思考》，《人民论坛》2020年
　　12月下。

郭凌，王志章．我国资源枯竭型城市贫困的社会治理 [J].旅游学刊，2013，28
　　（08）：10 – 12.

郭佩霞，邓晓丽．《中国贫困治理历程、特征与路径创新——基于制度变迁视角》
　　[J].贵州社会科学，2014（3）.

郭儒鹏，王建华，罗兴奇．从"嵌入"到"互嵌"：民族地区贫困治理研究的视角
　　转换——基于贵州省 T 县调研 [J].贵州社会科学，2019（11）：160 – 168.

郭晓鸣，王蔷．农村集体经济组织治理相对贫困：特征、优势与作用机制 [J].社
　　会科学战线，2020（12）：67 – 73.

郭之天，陆汉文．相对贫困的界定：国际经验与启示 [J].南京农业大学学报（社
　　会科学版），2020，20（04）：100 – 111.

韩广富，辛远．2020 年后中国贫困治理的战略重点、难点与对策 [J].行政管理改
　　革，2020，4（09）：39 – 47.

韩广富，辛远．农村相对贫困的特征、境遇及长效解决机制 [J].福建论坛（人文
　　社会科学版），2020（09）：119 – 130.

韩广富，辛远．相对贫困视角下中国农村贫困治理的变迁与发展 [J].中国农业大
　　学学报（社会科学版），2020，37（06）：50 – 60.

韩广富，辛远．后扶贫时代中国农村兜底保障扶贫：形势、取向与路径 [J].兰州
　　学刊，2021，4（02）：147 – 159.

韩佳丽．深度贫困地区农村劳动力流动减贫的理论逻辑与实践路径 [J].云南民族
　　大学学报（哲学社会科学版），2020，37（04）：92 – 102.

何汇江．后脱贫时代我国反贫困政策的调整与优化 [J].中州学刊，2020，4（12）：
　　89 – 93.

贺雪峰．论后扶贫时代的反贫困战略 [J].西北师大学报（社会科学版），2021，58
　　（01）：14 – 21.

何阳，娄成武．后扶贫时代贫困问题治理：一项预判性分析 [J].青海社会科学，

2020, 4 (01): 109 – 117.

侯斌. 主体性均衡: 后脱贫时代反贫困治理的路径转向 [J]. 哈尔滨商业大学学报 (社会科学版), 2020 (05): 119 – 128.

胡卫卫, 于水, 杨杨. 资源型贫困村庄柔性治理的发生逻辑及实现路径 [J]. 农林经济管理学报, 2020, 19 (03): 371 – 378.

胡原, 金倩, 曾维忠, 蓝红星. 深度贫困地区多维贫困治理绩效研究——以四省藏区为例 [J]. 中国农业资源与区划, 2020, 41 (05): 185 – 193.

黄承伟.《为全球贫困治理贡献中国方案》[N].《人民日报》, 2017 – 07 – 20 (003).

黄承伟.《新中国扶贫 70 年: 战略演变、伟大成就与基本经验》[J]. 南京农业大学学报 (社会科学版), 2019 (6).

黄承伟. 一诺千金——新时代中国脱贫攻坚的理论思考 [M]. 广西人民出版社, 2019.

黄金梓, 李燕凌. "后扶贫时代" 生态型贫困治理的 "内卷化" 风险及其防范对策 [J]. 河海大学学报 (哲学社会科学版), 2020, 22 (06): 90 – 98 + 112.

黄一玲, 刘文祥.《中国共产党的领导是消灭贫困的政治保证——我国农村扶贫政策的历史演变及其展望》[J]. 毛泽东邓小平理论研究, 2020 (6).

江立华. 相对贫困与 2020 年后贫困治理战略 [J]. 社会发展研究, 2020, 7 (03): 5 – 14.

江治强. 全面建成小康社会后相对贫困及其治理 [J]. 中国党政干部论坛, 2020 (01): 71 – 74.

贾晋, 尹业兴. 脱贫攻坚与乡村振兴有效衔接: 内在逻辑、实践路径和机制构建 [J]. 云南民族大学学报 (哲学社会科学版), 2020, 37 (03): 68 – 74.

蓝洁. 后脱贫时代职业教育减贫的功能聚焦与接续路径 [J]. 职业技术教育, 2021, 42 (01): 11 – 16.

雷晓康, 汪静. 乡村振兴背景下农村贫困地区韧性治理的实现路径与推进策略 [J]. 济南大学学报 (社会科学版), 2020, 30 (01): 92 – 99 + 159.

雷勋平, 张静. 2020 后中国贫困的特征、治理困境与破解路径 [J]. 现代经济探讨, 2020 (08): 24 – 28.

李博. 后扶贫时代深度贫困地区脱贫成果巩固中的韧性治理 [J]. 南京农业大学学

报（社会科学版），2020，20（04）：172 - 180.

李伯华，陈佳，刘沛林，伍瑶，袁敏，郑文武．欠发达地区农户贫困脆弱性评价及其治理策略——以湘西自治州少数民族贫困地区为例［J］．中国农学通报，2013，29（23）：44 - 50.

李创，龚宇．后精准扶贫时代资本协同反贫困问题研究——基于 DFID 可持续生计框架分析［J］．西南金融，2020，｛4｝（11）：13 - 23.

李海金．全面建成小康社会与解决相对贫困的扶志扶智长效机制［J］．中共党史研究，2020（06）：17 - 23.

李洪，蒋龙志，何思好．农村相对贫困识别体系与监测预警机制研究——来自四川省 X 县的数据［J］．农村经济，2020（11）：69 - 78.

李俊杰，陈浩浩．民族地区扶贫开发的制约因素与基本思路［J］．中南民族大学学报（人文社会科学版），2015，35（06）：104 - 108.

李俊杰，耿新．民族地区深度贫困现状及治理路径研究——以"三区三州"为例［J］．民族研究，2018（01）：47 - 57 + 124.

李俊杰，吴宜财．民族地区产业扶贫的经验教训及发展对策［J］．中南民族大学学报（人文社会科学版），2019，39（05）：139 - 143.

李棉管，岳经纶．相对贫困与治理的长效机制：从理论到政策［J］．社会学研究，2020，35（06）：67 - 90 + 243.

李楠，黄合．脱贫攻坚与乡村振兴有效衔接的价值意蕴与内在逻辑［J］．学校党建与思想教育，2020（22）：90 - 92.

李鹏飞，黄丽君．全面建成小康社会后解决农村相对贫困的对策建议［J］．领导科学，2020（16）：106 - 109.

李萍，韦宁卫：《后扶贫时代我国相对贫困治理路径前瞻》［J］．地方财政研究，2020（10）.

李萍，韦宁卫．后扶贫时代我国相对贫困治理路径前瞻［J］．地方财政研究，2020（10）：71 - 81.

李强谊，钟水映，曾伏娥．职业教育与普通教育：哪种更能减贫？［J］．教育与经济，2019，｛4｝（04）：19 - 27.

李松有．打赢脱贫攻坚战后农村贫困治理的优化与升级——基于嵌入式农村扶贫实践经验及嵌入行为治理的思考［J］．西部论坛，2020，30（03）：27 - 35.

李文祥，孟莉莉．社会工作介入贫困治理的策略分析［J］.社会科学战线，2020，4（09）：194－200.

李武装，刘梦媛．后扶贫时代相对贫困的生成缘由、治理难点与有效对策［J］.青海社会科学，2020（05）：36－42＋105.

李小红，段雪辉．外力参与贫困村振兴的治理模式演进［J］.理论探讨，2020，4（04）：171－176.

李晓嘉．2020年后我国反贫困政策转型及展望［J］.人民论坛，2020（20）：65－67.

李小云．全面建成小康社会后贫困治理进入新阶段［J］.中国党政干部论坛，2020（02）：20－23.

李小云，季岚岚．《国际减贫视角下的中国扶贫——贫困治理的相关经验》［J］.国外社会科学，2020（6）．

李小云，苑军军，于乐荣．论2020后农村减贫战略与政策：从"扶贫"向"防贫"的转变［J］.农业经济问题，2020，4（02）：15－22.

李学楠．乡村精英机会倾向、生产积累与扶贫绩效——基于豫北Y县13个案例的比较研究［J］.经济社会体制比较，2020，4（05）：100－109.

李颖慧，窦苗苗，杜为公．我国城乡女性贫困成因与治理方式研究［J］.河南社会科学，2020，28（09）：113－118.

李迎生．后脱贫攻坚时代构建一体化的反贫困制度体系［J］.中国特色社会主义研究，2020，4（03）：14－20＋2.

林宝．老年群体数字贫困治理的难点与重点［J］.人民论坛，2020，4（29）：129－131.

林克松，王官燕．从边缘到中心：贫困地区县级职教中心参与农民培训的失序及治理［J］.西南大学学报（社会科学版），2020，46（04）：86－92＋194.

林闽钢．相对贫困的理论与政策聚焦——兼论建立我国相对贫困的治理体系［J］.社会保障评论，2020，4（01）：85－92.

林瑜胜．"贫困沉淀"与农村老年人反贫困制度构建［J］.山东社会科学，2019，4（12）：96－100.

刘大伟．教育是否有助于打通贫困治理的"任督二脉"——城乡差异视角下教育扶贫的路径与效果［J］.教育与经济，2020，36（06）：12－21.

刘光星．《"区块链＋金融精准扶贫"：现实挑战及其法治解决进路》［J］.农业经济问题，2020（9）．

刘欢，韩广富．后脱贫时代农村精神贫困治理的现实思考［J］．甘肃社会科学，
　　2020，4（04）：170－178．

刘佳，蒋洁梅．后扶贫时代教育政策信息的质效焦虑与治理优化［J］．教育发展研
　　究，2020，40（01）：36－43．

刘建．主体性视角下后脱贫时代的贫困治理［J］．华南农业大学学报（社会科学
　　版），2019，18（05）：17－25．

刘建．后脱贫时代内源式贫困治理体系的建构——以家庭本位为视野［J］．福建农
　　林大学学报（哲学社会科学版），2021，24（01）：16－25．

刘天平，徐爱燕，邓发旺．西藏农牧区扶贫的特殊困难分析［J］．农业经济，2013
　　（05）：15－17．

龙玉其，王延中，宁亚芳．"十四五"时期社会保障发展的目标思路与关键举措
　　［J］．经济学动态，2020，4（08）：105－118．

鲁可荣，徐建丽．基于乡村价值的农业大县脱贫攻坚与乡村振兴有机衔接的路径研
　　究［J］．贵州民族研究，2020，41（06）：135－141．

陆汉文，杨永伟．从脱贫攻坚到相对贫困治理：变化与创新［J］．新疆师范大学学
　　报（哲学社会科学版），2020，41（05）：86－94＋2．

罗必良．相对贫困治理：性质、策略与长效机制［J］．求索，2020（06）：18－27．

骆桂花，切羊卓玛，陈卫东．藏区文化产业的减贫效能研究——以热贡艺术相关产
　　业为例［J］．西北民族研究，2019（04）：80－89．

罗贵榕，刘俊显．乡村相对贫困治理的长效机制探索［J］．学术交流，2020（11）：
　　108－115＋191－192．

吕方：《迈向2020后减贫治理：建立解决相对贫困问题长效机制》，《新视野》2020
　　年第2期。

吕方．脱贫攻坚与乡村振兴衔接：知识逻辑与现实路径［J］．南京农业大学学报
　　（社会科学版），2020，20（04）：35－41．

吕建强，许艳丽．高等教育扶贫精准供给的问题、模式与路径［J］．黑龙江高教研
　　究，2020，38（02）：17－21．

马建富，刘颖，王婧．后扶贫时代职业教育贫困治理：分析框架与策略选择［J］．
　　苏州大学学报（教育科学版），2021，9（01）：48－55．

牟成文，吕培亮．论建立解决2020年后中国相对贫困的长效机制——基于马克思主

义主体论的视角［J］.贵州社会科学，2020，4（07）：154-160.

宁亚芳.2020年后贫困标准调整的逻辑与构想［J］.中州学刊，2020（07）：60-68.

彭文慧，王动.社会资本、市场化与农村减贫——来自农村微观调查的证据［J］.贵州财经大学学报，2020，4（03）：71-80.

钱全，杨晓蕾.连片特困地区的教育扶贫与基层治理［J］.华南农业大学学报（社会科学版），2020，19（06）：11-22.

切羊卓玛，陈卫东，拉毛东智.贫困牧民的气候适应与整体性治理研究——基于玉树雪灾的案例分析［J］.青海民族研究，2019，30（04）：179-186.

秦慧.2020年后相对贫困治理研究［J］.学校党建与思想教育，2020（17）：89-93.

瞿连贵，石伟平.我国职业教育反贫困的限度与突破进路［J］.职教论坛，2019，｛4｝（04）：6-14.

瞿连贵，石伟平.职业教育精准扶贫的政策设计、实施成效及优化策略［J］.教育与职业，2020，｛4｝（24）：26-33.

瞿连贵，石伟平.中国职业教育反贫困的实践经验及未来转向［J］.职教论坛，2020，36（12）：6-14.

瞿晓理.我国职业教育扶贫模式的演进历程、经验总结及逻辑走向［J］.职业技术教育，2020，41（13）：57-62.

施海波，吕开宇.2020年后反贫困战略：话语切换、顶层谋划与学界探讨［J］.中国农业大学学报（社会科学版），2020，37（03）：88-100.

孙久文，唐泽地.《中国特色的扶贫战略与政策》［J］.西北师大学报（社会科学版），2017（3）.

孙咏梅.中国脱贫攻坚成就与反贫困展望［J］.中国高校社会科学，2020（06）：22-29+154.

孙玉环，王琳，王雪妮，尹丽艳.后精准扶贫时代多维贫困的识别与治理——以大连市为例［J］.统计与信息论坛，2021，36（02）：78-88.

谭江华.后脱贫时代推动金融扶贫高质量发展研究［J］.理论探讨，2021，4（01）：99-104.

檀学文.走向共同富裕的解决相对贫困思路研究［J］.中国农村经济，2020（06）：21-36.

覃志敏，陆汉文.藏区牧民生计分化与能力贫困的治理——以川西措玛村为例

［J］．西北人口，2012，33（06）：107－110＋115.

覃志敏，陆汉文．农耕藏区的劳动力转移与贫困治理——以川西俄市坝村为例
　　［J］．开发研究，2014（04）：5－8.

汤颖，邬志辉．后扶贫时代教育扶贫应处理好的几对关系［J］．教育与经济，2021，
　　37（01）：11－18.

唐海燕．后脱贫时代少数民族财富伦理观的去蔽与建构［J］．广西民族研究，2020
　　（05）：158－164.

唐任伍．脱贫攻坚与乡村振兴有效衔接的田东样本［J］．人民论坛，2020（36）：
　　110－111.

唐任伍，肖彦博，唐常．后精准扶贫时代的贫困治理——制度安排和路径选择
　　［J］．北京师范大学学报（社会科学版），2020，4（01）：133－139.

田朝晖，孙饶斌，张凯．三江源生态移民的贫困问题及其社会救助策略［J］．生态
　　经济，2012，｛4｝（09）：169－172.

田朝晖，解安．可行能力视阈下的三江源生态移民贫困治理研究［J］．科学经济社
　　会，2012，30（04）：19－23.

王宝义，马岳勇，郑霁鹏．教育精准扶贫：教育贫困循环累积因果效应破解路径
　　［J］．江苏大学学报（社会科学版），2020，22（05）：118－124.

王驰，燕连福．构建反贫困长效机制推动国家治理体系和治理能力现代化［J］．广
　　西社会科学，2020，4（11）：67－71.

王春辉．后脱贫攻坚时期的中国语言扶贫［J］．语言文字应用，2020，4（03）：9－16.

王丹，王太明．中国共产党治理农村绝对贫困的基本特征、主要经验及现实启示
　　［J］．理论学刊，2021（01）：50－58.

王国敏，王小川．从空间偏向到空间整合：后小康时代我国贫困治理的空间转向
　　［J］．四川大学学报（哲学社会科学版），2020，｛4｝（06）：153－160.

王国敏，王小川．后全面小康时代我国贫困治理研究的转型方向和空间策略——基
　　于"结构—秩序——发展"的阐释框架［J］．北京行政学院学报，2020，4
　　（06）：1－9.

王汉杰，温涛，韩佳丽．深度贫困地区农村金融能够有效缓解农户内部收入差距吗
　　［J］．金融经济学研究，2018，33（05）：117－128.

王怀勇，邓若翰．后脱贫时代社会参与扶贫的法律激励机制［J］．西北农林科技大

学学报（社会科学版），2020，20（04）：1－10.

王家斌，荆蕙兰．后扶贫时代青海涉藏地区的相对贫困及其治理机制构建 [J].青海社会科学，2020（05）：54－61.

汪鹏．建立解决相对贫困长效机制的着力点 [J].中国党政干部论坛，2020，4（02）：66－69.

王琦，余孝东．"双非地区"倒挂式贫困的治理困境 [J].华南农业大学学报（社会科学版），2020，19（04）：10－20.

王荣党．后小康时代农村反贫困治理的制度体系建设：特征、行动金字塔和模块 [J].社会科学，2020，4（11）：41－53.

王瑞华．后精准脱贫时期社会工作参与乡村贫困治理的视角、场景与路径 [J].深圳大学学报（人文社会科学版），2020，37（04）：131－138.

汪三贵，冯紫曦．脱贫攻坚与乡村振兴有机衔接：逻辑关系、内涵与重点内容 [J].南京农业大学学报（社会科学版），2019，19（05）：8－14＋154.

汪三贵，刘明月．从绝对贫困到相对贫困：理论关系、战略转变与政策重点 [J].华南师范大学学报（社会科学版），2020（06）：18－29＋189.

王三秀．贫困治理转型与农村文化教育救助功能重塑 [J].探索，2014，¦4¦（03）：134－140.

王思斌．全面小康社会初期的相对贫困及其发展型治理 [J].北京大学学报（哲学社会科学版），2020，57（05）：5－13.

王武林、纪庚、黄丹阳：《中国西部农村贫困人口时空演变特征及政策启示》，《生态经济》2020年第11期。

王小林．《新中国成立70年减贫经验及其对2020年后缓解相对贫困的价值》[J].劳动经济研，究2019年（6）.

王晓毅．贫困治理机制转型 [J].南京农业大学学报（社会科学版），2020，20（04）：144－151.

王晓毅．全面小康后中国相对贫困与贫困治理研究 [J].学习与探索，2020（10）：32－38.

王永生，文琦，刘彦随．贫困地区乡村振兴与精准扶贫有效衔接研究 [J].地理科学，2020，40（11）：1840－1847.

王嶂，王辉．多中心治理视域下高校贫困大学生帮扶模式的创新 [J].中国成人教育，2013，｛4｝（24）：39－41.

王政武. 中国统筹城乡相对贫困治理体系构建的逻辑和路向 [J]. 内蒙古社会科学，2020，41（06）：126－134.

温铁军，王茜，罗加铃. 脱贫攻坚的历史经验与生态化转型 [J]. 开放时代，2021，｛4｝（01）：169－184＋8－9.

吴振磊，王莉. 我国相对贫困的内涵特点、现状研判与治理重点 [J]. 西北大学学报（哲学社会科学版），2020，50（04）：16－25.

吴振磊. 相对贫困治理特点与长效机制构建 [J]. 红旗文稿，2020（12）：23－24.

向德平. 社会工作助力开启易地扶贫搬迁群众的新生活 [J]. 中国社会工作，2019，｛4｝（22）：1.

向德平，向凯. 多元与发展：相对贫困的内涵及治理 [J]. 华中科技大学学报（社会科学版），2020，34（02）：31－38.

肖军飞，周燕. "三治合一"视域下深度连片贫困区乡村治理体系创新——基于云南省盐津县的治理实践 [J]. 云南行政学院学报，2020，22（04）：61－69.

邢成举. 城乡融合进程中的相对贫困及其差异化治理机制研究 [J]. 贵州社会科学，2020（10）：156－162.

邢成举. 政策衔接、扶贫转型与相对贫困长效治理机制的政策方向 [J]. 南京农业大学学报（社会科学版），2020，20（04）：133－143.

邢成举，李小云. 相对贫困与新时代贫困治理机制的构建 [J]. 改革，2019（12）：16－25.

邢成举，赵晓峰. 论中国农村贫困的转型及其对精准扶贫的挑战 [J]. 学习与实践，2016，｛4｝（07）：116－123.

许宇飞，罗尧成. 职业教育参与相对贫困治理的路径探求——基于后精准扶贫时代的视角 [J]. 中国高校科技，2020，｛4｝（12）：22－25.

许宇飞，罗尧成. 后精准扶贫时代职业教育参与相对贫困治理的缘起、效能及推进策略 [J]. 教育与职业，2021，｛4｝（04）：5－11.

许源源. 深度贫困地区可持续脱贫的治理工具选择 [J]. 人民论坛·学术前沿，2019（23）：46－59.

燕继荣，王禹澔. 保障济贫与发展脱贫的主题变奏——中国反贫困发展与展望 [J]. 南京农业大学学报（社会科学版），2020，20（04）：22－34.

闫志利，韩佩冉．加拿大第二职业教育的减贫效能及其借鉴意义——以加拿大科技学院为例 ［J］．中国职业技术教育，2020，｛4｝（16）：67－71．

杨力超，Robert Walker．2020年后的贫困及反贫困：回顾、展望与建议 ［J］．贵州社会科学，2020，｛4｝（02）：146－152．

叶敬忠．中国贫困治理的路径转向——从绝对贫困消除的政府主导到相对贫困治理的社会政策 ［J］．社会发展研究，2020，7（03）：28－38．

叶兴庆，殷浩栋．从消除绝对贫困到缓解相对贫困：中国减贫历程与2020年后的减贫战略 ［J］．改革，2019，｛4｝（12）：5－15．

尹新瑞，刘金玲．社会工作介入民族地区精准扶贫治理的优势与方略 ［J］．理论导刊，2020，｛4｝（04）：83－90．

余少祥．后脱贫时代贫困治理的长效机制建设 ［J］．江淮论坛，2020，｛4｝（04）：62－68．

余少祥．后脱贫时代贫困治理的长效机制建设 ［J］．江淮论坛，2020，｛4｝（04）：62－68．

袁金辉，杨艳花．深度贫困地区精准扶贫实施成效与长效机制构建——基于渝东北地区的调查 ［J］．重庆社会科学，2021，｛4｝（01）：74－87．

袁利平．后扶贫时代教育贫困治理的价值逻辑、行动框架与路径选择 ［J］．深圳大学学报（人文社会科学版），2021，38（01）：25－33．

袁利平，丁雅施．教育扶贫：中国方案及世界意义 ［J］．教育研究，2020，41（07）：17－30．

袁利平，姜嘉伟．教育扶贫的作用机制与路径创新 ［J］．西北农林科技大学学报（社会科学版），2020，20（02）：35－43．

袁利平，姜嘉伟．教育扶贫何以可能——基于教育扶贫机制整体性框架的再思考 ［J］．教育与经济，2021，37（01）：3－10．

袁利平，李君筱．教育缓解相对贫困的实践逻辑与路径选择 ［J］．苏州大学学报（教育科学版），2021，9（01）：39－47．

曾福生．后扶贫时代相对贫困治理的长效机制构建 ［J］．求索，2021（01）：116－121．

曾庆捷．从集中作战到常态推进：2020年后扶贫机制的长效化 ［J］．中国农业大学学报（社会科学版），2020，37（03）：101－109．

曾小溪，汪三贵．中国大规模减贫的经验：基于扶贫战略和政策的历史考察 ［J］．

西北师大学报（社会科学版），2017，54（06）：11-19.

翟绍果，张星.从脆弱性治理到韧性治理：中国贫困治理的议题转换、范式转变与政策转型［J］.山东社会科学，2021（01）：74-81.

张传洲.相对贫困的内涵、测度及其治理对策［J］.西北民族大学学报（哲学社会科学版），2020（02）：112-119.

张浩淼.从反绝对贫困到反相对贫困：社会救助目标提升［J］.山西大学学报（哲学社会科学版），2020，43（05）：126-131.

张建伟，陈鹏.世界屋脊的脱贫奇迹：西藏脱贫攻坚的伟大成就、基本经验与未来展望［J］.西藏大学学报（社会科学版），2020，35（04）：135-142.

张克俊，杜婵.后全面小康社会我国贫困治理的任务变化与政策转型［J］.中州学刊，2020，｛4｝（10）：40-47.

张力，逄强，张琦.中国贫困治理的实践历程和主要经验［J］.社会治理，2021，｛4｝（01）：32-40.

张梦娣，张涛，张玉秋.2020年后巩固脱贫成果的路径和重点［J］.农业经济，2020（12）：69-70.

张明皓.2020年后中国贫困治理的价值导向、机制转型与路径创新［J］.中国行政管理，2020，｛4｝（11）：52-58.

张明皓，豆书龙.2020年后中国贫困性质的变化与贫困治理转型［J］.改革，2020，｛4｝（07）：98-107.

张琦，孔梅."十四五"时期我国的减贫目标及战略重点［J］.改革，2019，｛4｝（11）：117-125.

张琦，张涛，李凯.中国减贫的奇迹：制度变革、道路探索及模式创新［J］.行政管理改革，2020，｛4｝（05）：47-56.

张涛，王春蕊.中国扶贫开发成效、创新与展望［J］.河北学刊，2020，40（03）：147-155.

张文宏.后2020我国反贫困政策选择的社会学思考［J］.社会发展研究，2020，7（03）：39-47.

张永丽，徐腊梅.中国农村贫困性质的转变及2020年后反贫困政策方向［J］.西北师大学报（社会科学版），2019，56（05）：129-136.

章元，段文.相对贫困研究与治理面临的挑战及其对中国的启示［J］.国外社会科学, 2020 (06): 57 - 65.

郑会霞. "后扶贫时代"的贫困治理: 趋势、挑战与思路 [J]. 河南社会科学, 2020, 28 (10): 118 - 124.

郑继承. 构建相对贫困治理长效机制的政治经济学研究 [J]. 经济学家, 2020 (05): 91 - 98.

郑继承. 中国特色反贫困理论释析与新时代减贫战略展望 [J]. 经济问题探索, 2021 (01): 40 - 51.

郑瑞强, 郭如良. "双循环"格局下脱贫攻坚与乡村振兴有效衔接的进路研究 [J]. 华中农业大学学报 (社会科学版), 2021 (03): 19 - 29 + 183.

仲超. "贫困女性化"的形成与治理 [J]. 云南社会科学, 2019, {4} (06): 143 - 150 + 183 - 184.

钟凯. "后扶贫时代"深贫地区贫困治理的理论思考——基于四川省贺波洛乡的实证考察 [J]. 农村经济, 2020, {4} (11): 79 - 86.

周国华, 张汝娇, 贺艳华, 戴柳燕, 张丽. 论乡村聚落优化与乡村相对贫困治理 [J]. 地理科学进展, 2020, 39 (06): 902 - 912.

左停, 贺莉, 刘文婧. 相对贫困治理理论与中国地方实践经验 [J]. 河海大学学报 (哲学社会科学版), 2019, 21 (06): 1 - 9 + 109.

左停, 李世雄. 2020 年后中国农村贫困的类型、表现与应对路径 [J]. 南京农业大学学报 (社会科学版), 2020, 20 (04): 58 - 67.

左停, 刘文婧. 教育与减贫的现实障碍、基本保障与发展促进——相对贫困治理目标下教育扶贫战略的思考 [J]. 中国农业大学学报 (社会科学版), 2020, 37 (06): 85 - 96.

左停, 徐卫周. 从二维并行到一体互嵌: 2020 年后开发式扶贫与保障性扶贫的统筹发展 [J]. 华中科技大学学报 (社会科学版), 2020, 34 (02): 39 - 46.

专题五
中国贫困治理的经验

　　中华人民共和国成立以来尤其是改革开放以来，随着经济的快速增长和减贫工作的持续推进，我国成功实现了7亿多农村贫困人口摆脱贫困，对全球减贫的贡献率达到70%以上（曾小溪和汪三贵，2017）。总结中国贫困治理的经验，也成为近年来研究中国贫困治理的焦点之一。习近平总书记指出，中国脱贫攻坚的主要经验在于：一是坚持党的领导，强化组织保证；二是坚持精准方略，提高脱贫实效；三是坚持加大投入，强化资金支持；四是坚持社会动员，凝聚各方力量；五是坚持从严要求，促进真抓实干；六是坚持群众主体，激发内生动力。而进一步总结从中华人民共和国成立以来我国持续推进贫困治理的经验，也成为构建中国贫困治理话语体系的重要组成部分。相关研究围绕贫困治理的政治保障、路径与方法、战略选择、动力机制、制度安排等方面展开，形成了丰富的理论认识。

第一节　中国贫困治理的政治保障

　　坚持以人民为中心的价值立场、坚持党的集中统一领导、发挥中国特色社会主义制度优势被普遍认为是我国贫困治理取得历史成就的政治保障。

一　以人民为中心的价值立场

王丹和王太明（2021）指出，中国共产党从成立之日起就致力于维护人民群众的根本利益。在长期的农村脱贫攻坚工作中，各级干部担当作为，农村贫困群众积极主动配合，使贫困地区的落后面貌迅速改变，农村贫困群众在脱贫攻坚中切实得到更多的幸福感和获得感，真正实现了发展利益由人民共享。

史志乐和张琦（2021）认为，在贫困治理中，我国坚持扶贫力量来自人民、扶贫目标立足于人民、扶贫成就归功于人民，始终把人民的需求作为摆脱贫困的根本出发点。

周文和郑继承（2020）认为，中国始终坚持以人民为中心，并将贫困群体的脱贫致富上升到一个前所未有的政治高度，强有力的政治意愿和政府承诺是中国减贫获得成功的根本保证。

宋锐和曹东勃（2020）认为，聚焦社会民生，始终密切关注社会公平正义，将以人民为中心的发展理念融入治贫实践，是我国贫困治理的经验。

吕培亮和李帆（2021）认为从脱贫攻坚到全面建成小康社会，中国共产党始终以人民为中心，注重激发贫困主体内生动力，努力形成协同发力的"大扶贫格局"，坚持以精准为原则，打造"多元路径布局"的扶贫体系，不断提高贫困治理实效，如期实现了全面建成小康社会的目标。

蒲实和袁威（2021）认为，作为马克思主义政党，消除贫困、改善民生、逐步实现共同富裕，始终是中国共产党的初心和使命。从中国共产党刚成立时在物质资料极度匮乏条件下反贫困的艰难起步，到中华人民共和国成立后在计划经济体制下通过广义反贫困实现减贫事业的发展，到改革开放时期逐步建立常态化反贫困工作机制并取得减贫事业新成就，再到进入新时代打赢脱贫攻坚战确保全面建成小康社会圆满收官，中国共产党始终坚守人民至上的根本立场。

二　中国共产党的集中统一领导

张新平和成向东（2020）认为，中国共产党的领导是脱贫攻坚的根本保证，也是中国减贫方案的显著特征。党始终是脱贫攻坚的组织者、领导者和推动者，为脱贫攻坚提供了有力的思想保证、组织保证和作风保证。

宋锐和曹东勃（2020）认为，中国的贫困治理是基于马克思主义政党的强大领导能力，以"总揽全局"与"协调各方"为布局并循序推进的战略行动。作为当代中国凝聚力最强、覆盖面最广、影响力最大的组织力量，作为一个以人民利益驱动的具有强大组织力、执行力和战斗力的先进政党，中国共产党在贫困治理中发挥了总揽全局与协调各方的关键作用，形成了贫困治理的政治优势。

潘文轩（2020）认为，努力消除贫困、实现共同富裕，既是社会主义的本质要求，也是共产党的初心和使命。中国消除绝对贫困的伟大成就，离不开党坚强有力的领导。改革开放以来党全面领导扶贫工作的经验，主要体现在以下几个方面。一是提出和确立扶贫的基本理念，为开展扶贫工作奠定思想理论基础；二是建立健全党和政府的扶贫工作机制，为脱贫提供坚实的政治和组织保障；三是把扶贫纳入国家总体发展战略；四是根据形势变化制定阶段性扶贫计划，确保扶贫工作始终沿着正确方向前进；五是开展扶贫组织动员和宣传引导活动，动员全社会力量参与扶贫，激发贫困群众脱贫的精神动力。

张远新和董晓峰（2021）从四个方面分析了党对脱贫攻坚工作的集中统一领导。一是党在脱贫攻坚中发挥了指引方向、总揽全局、协调各方及战斗堡垒的核心作用，为脱贫攻坚指明了方向和路径。二是建立健全了党对脱贫攻坚工作集中统一领导的一系列具体机制，包括中央统筹、省（自治区、直辖市）负总责、市（地）县抓落实的管理机制，县委书记和县长是脱贫攻坚第一责任人的责任机制，省（自治区、直辖市）市（地）县乡村五级书记一起抓脱贫攻坚的工作机制，选派大批优秀年轻干部到贫困地区挂职任职的选任机制，把基层党组织建设成带领群众脱贫致富的战斗堡垒的落地机制等。三是党中央加强顶层设计，为精准脱贫制定了时间表和路线图。四是加强基层党组织建设，充分发挥其战斗堡垒作用。

吴振磊和夏鑫雨（2020）认为，党的领导在中国扶贫工作中的作用主要体现在以下三个方面：一是在扶贫工作中发挥了统领全局、协调各方的核心作用；二是通过党的组织优势将松散的乡土社会逐渐改造成一个具有高度凝聚力的政治社会，这为农村扶贫工作提供了坚实的组织保障；三是通过"五级书记一起抓"的政党主导式扶贫，将上层政策直接贯彻到最基层，比以往的行政主导式扶贫具备更强的资源输入和渗透能力。

彭庆红（2021）指出，党在领导脱贫攻坚中坚持扶贫与扶志扶智相结合，坚持"输血"与"造血"相结合，坚持增长物质财富与提升文明水平相结合，注重抓好基层建设，因地制宜实施脱贫方略，动员社会力量等，形成了系统的治理思路和方案。

钟凯（2020）认为，中国贫困治理是通过由执政党领导推动并借助科层制、市场化和社会多元共治的混合路径实现的。

三　中国特色社会主义制度优势

张新平和成向东（2020）指出，中国高质量开展扶贫减贫工作的密码在于中国特色社会主义制度优势的效能转化。脱贫攻坚中的顶层设计、制度安排及地方实践模式，提升了国家治理体系及治理能力现代化的水平，也积累了实现国家治理现代化的丰富经验，巩固了社会主义制度的诸多优势。

张远新和董晓峰（2021）认为，中国特色社会主义制度以消除贫困为本质要求，坚持以人民为中心的发展思想，秉持公平正义，促进共建共享，能够集中力量办大事。这些特质和优势使其从内在本质、价值取向、公平正义等方面指引和确保了脱贫攻坚战的胜利。

史志乐和张琦（2021）指出，党的十八大后实施的精准扶贫把脱贫攻坚纳入国家总体发展战略，构建了专项扶贫、行业扶贫、社会扶贫"三位一体"的大扶贫格局，加强了定点扶贫、东西部扶贫协作，充分彰显了我国社会主义制度集中力量办大事的政治优势。我国贫困治理取得历史成就的根本原因在于坚持了中国特色社会主义道路和中国特色社会主义制度。

李小云、徐进和于乐荣（2020）认为，中华人民共和国成立以后，中国共产党围绕工业化、现代化建设不断发展，并在政治实践中形成了中国特色的发展型政治。通过凝聚社会共识，中国共产党形成了稳定的政治格局和长期的发展战略，体现了中国共产党集中统一领导下集中力量办大事的体制优势，构成中国成功减贫的政治基础。

谢岳（2020）分析了中国贫困治理的政治逻辑，认为中国的贫困治理模式成功地将执政党的政治领导力转换为一种现代化的国家治理能力，将提高贫困人口的个人福利上升到国家战略的高度，发挥了中央的理性化优势，激发了地方政府与社会协同治理的活力。中国特色社会主义制度的本质决定了中国贫困治理的政治逻辑：以福利分配为导向的贫困治理，是一种普遍的"人民福利"，而不是排他的少数人的特权；是一种基于"共同富裕"和"全面实现小康社会"的国家目标，而不是为赢得选举而安抚选民的功利手段；是一种旨在帮助贫困人口形成致富能力的发展意义上的分配制度，而不是托底式的功利性社会救济。中国的贫困治理用事实证明了社会主义制度在福利分配方面的政治优势，有力挑战了西方传统的福利国家理论。同时，为帮助发展中国家摆脱以西方为师的理论贫乏与制度枯竭的困境，提供了具有参考性的替代方案。

方茜（2020）认为，社会主义制度是中国反贫困成功的根本保障，坚持党对贫困治理的集中统一领导是中国减贫成功的本质特征，以人民为中心是中国反贫困赢得最终胜利的法宝。

骆郁廷和余杰（2021）认为，中国贫困治理奇迹的密码在于中国始终坚持中国特色社会主义制度，不断发展和完善"公平之制""政党之制""人民之制""效率之制"。

第二节　中国贫困治理的路径与方法

一　系统方法

胡洪彬（2020）认为，百年来中国共产党反贫困的基本经验体现为"五大辩证统一"：在根本起点上，始终坚持党的领导与强化党的领导的辩证统一；在宏观布局上，始终坚持整体开展与重点推进的辩证统一；在微观建构上，始终坚持责任约束和激励驱动的辩证统一；在具体运作上，始终坚持目标定位与方式选择的辩证统一；在力量源泉上，始终坚持依靠人民和发动人民的辩证统一。

王帆宇（2020）认为，改革开放以来中国特色扶贫道路的基本经验在于处理如下几对关系。第一，处理好整体与局部的关系，即统筹国家经济发展与农村反贫困问题，在经济社会发展的整体战略布局中不断调整扶贫模式和对策。第二，处理好"产业发展"和"生态保护"的关系。在生态环境的修复与改善中，构筑持续减贫的经济基础，实现生态保护和脱贫攻坚的双赢。第三，处理好"经济开发"和"智力开发"的关系。注重贫困地区精神文化建设，将"扶智"与"扶志"摆在贫困治理的重要位置。第四，处理好"自力更生"与"社会帮扶"的关系，既高度肯定内因（自力更生）在扶贫脱贫中的主导作用，也善于发挥外因（社会帮扶）在内因优化过程中的促进作用。

郑嘉伟和王红续（2020）认为，从宏观视野来看，中国减贫经验主要有以下五个方面：一是解放全民思想，推进改革开放；二是以政府为主导开展全国范围的减贫；三是扶贫模式由补贴救济扶贫模式转向开发扶贫模式；四是社会各界力量广泛参与，五是注重科技教育发展，构建扶贫大格局。

樊如茵（2020）认为，党的十八大以来，中国共产党在贫困治理过程中统筹考虑，形成了顶层设计与具体举措相结合、精准扶贫与防止返贫相结合、落实领导责任与整合社会力量相结合的综合化治理路径。

黄承伟（2019）将改革开放以来中国特色扶贫开发的基本经验概括为八个方面。一是坚持改革开放，二是保持经济长期持续增长，三是制定一系列有利于贫困人口发展的政策，四是根据发展阶段及贫困人口特征制定和调整反贫困战略，五是渐进式推进农村社会保障体系的建立与完善，六是不断丰富和发展开发式扶贫的方式方法，七是始终把培养和不断提高扶贫对象的自我发展能力作为工作核心，八是在政府主导下不断提高反贫困战略的执行力。

潘文轩（2020）认为，中国消除绝对贫困的主要经验包括：坚持党对扶贫工作的全面领导、形成"三位一体"的大扶贫格局、积极开展和推动多维精准扶贫、外部帮扶和自我发展有机结合、涓滴式减贫同瞄准式扶贫相配合、开发式扶贫和保障式扶贫统筹协调、加强扶贫资源全流程管理等。

向德平（2020）认为，我国贫困治理强调多元主体的参与，在尊重政府主导地位的同时，促进市场、社会等主体充分参与减贫行动，并通过多元主体的协商共治，整合了多方资源，发挥了专业优势，保证了减贫的质量与效益。

谭清华（2019）认为，中国减贫的基本经验在于坚持制度优势与政治优势相结合、坚持政府主导与社会参与相结合、坚持顶层设计与地方创新相结合、坚持发展生产与保护生态相结合、坚持扶贫开发与社会保障相结合、坚持外部帮扶与自主脱贫相结合。

曾小溪和汪三贵（2017）分析了中华人民共和国成立以来贫困治理经历的保障生存阶段、体制改革阶段、解决温饱阶段、巩固温饱阶段、全面小康阶段及扶贫战略和政策的变化，指出中国的扶贫战略和政策根据各阶段的贫困状况和国家可支配资源能力不断调整以适应现实需求并呈现阶段性变化的特点。该研究认为稳中有进的宏观战略、由粗转精的瞄准政策、更加高效的资源传递、组合多样的扶持政策及更加多元的治理方式是中国取得巨大减贫成就的宝贵经验。

张明皓和豆书龙（2020）认为，中国贫困治理的经验主要在于以下几个方面。一是将贫困治理纳入国家治理体系之中。中央政府通过从严、从重和从快的运动式治理在全国范围内向地方政府传达了贫困治理的重要性，地方政府围绕贫困治理实现了部门整合和科层分工，确立了超常规和高强度的贫困治理体制。这将贫困治理深嵌于国家治理的制度逻辑之中。二是贫困治理战略具有持续性和动态调适性。我国先后采取发展式扶贫、开发式扶贫攻坚、综合性扶贫和脱贫攻坚。三是贫困治理与社会治理实现了创新性结合。在治理主体上，中国的贫困治理是多种社会力量共同参与的治理过程；在治理机制上，贫困治理大规模运用技术治理手段，并设计了对领导干部的考核工具，贫困治理呈现精细化治理的特征。

张远新和吴素霞（2020）认为，全球贫困治理的中国经验主要体现在以下几个方面：坚持走适合中国国情的发展道路，保证贫困治理的正确方向；坚持执政党领导、政府主导，强化贫困治理的组织保障；坚持经济发展，筑牢贫困治理的物质基础；坚持精准方略，提高贫困治理的效能；坚持内源式扶贫，激发贫困群众的内生动力；坚持开发式扶贫，增强贫困地区的发展能力。

范小建（2007）认为，解放思想、改革开放、政府主导、社会参与、开发扶贫、自力更生、科学发展这七个方面，既是中国特色社会主义扶贫开发的基本经验，也是中国特色社会主义道路的重要组成部分。

韩克庆（2021）将中国贫困治理的经验归纳为：改革发展是根本途径，政策创新是制度保障，国家动员和社会参与是力量源泉，公平公正是价值遵循，中国特色社会主义是消除贫困的国家特征。

解安（2021）认为，党的十八大以来，针对贫困问题的新特征和反贫困中存在的深层次矛盾，我国打赢脱贫攻坚战，推动减贫事业取得巨大成就，最根本的原因是做到了"七个坚持"：坚持党的全面领导、坚持扶贫和扶志扶智相结合、坚持以人民为中心、坚持精准扶贫方略、坚持扶贫工作的有效性、坚持扶贫工作的可持续性以及坚持知行合一。

张军扩（2020）将改革开放以来我国的减贫经验概括为四个方面：一是将脱贫攻坚摆到治国理政的突出位置，坚定兑现承诺；二是推进经济社会包容性发展，有针对性地制定扶贫政策；三是将政府力量与市场力量有效结合，构建全政府、全社会的"大扶贫"格局，努力攻克深度贫困的"最后一公里"难题；四是始终以贫困人口为主体，强调扶贫与扶智、扶志相结合，帮助贫困人口彻底稳定脱贫。

王小林（2019）认为，中国贫困治理的根本经验在于：一是形成了包括益贫性经济增长、包容性社会发展和多维度精准扶贫的贫困治理制度框架；二是建构了"自上而下"和"自下而上"相结合的垂直治理结构及以政府、市场和社会协同治理，行业扶贫、专项扶贫和社会扶贫"三位一体"的大扶贫格局为核心的水平治理结构；三是开启了最大规模的多维扶贫实践；四是创建了动员全社会参与脱贫攻坚的制度。

二 实施路径

潘文轩（2020）指出，我国在贫困治理中采取了多维扶贫措施。在扶贫目标上，在不同的历史时期，国家均设立了多维度的减贫目标；在贫困识别上，采用多维识别标准确定贫困人口，不以收入为唯一依据；在扶贫手段上，运用不同手段解决不同维度的贫困，如以产业和就业扶贫缓解经济贫困，依靠教育扶贫、文化扶贫消除知识贫困，通过易地搬迁、危房改造解决居住贫困等；在扶贫部门上，社保、教育、卫生、民政、文化、金融等多部门共同参与扶贫，协同解决多维贫困问题。

张琦和冯丹萌（2016）认为，我国在贫困治理过程中积累了大国实施减贫的独特经验。一是国家应自上而下、有组织、有层次地实施反贫困战略,并将反贫困纳入国家发展规划,使反贫困制度化;二是分区域开展扶贫工作,实施区域差异化的扶贫开发战略;三是实施少数民族地区扶贫攻坚。同时,我国开创了转型国家减贫实践的新模式。一是随着计划经济向市场经济转型,政府主导式扶贫开发模式转向全社会共同参与的扶贫开发模式,形成了政府、市场和社会相结合的大扶贫格局;二是随着传统经济增长转向现代经济增长,扶贫开发模式由提升贫困人口物质生活条件向物质与精神文化并举转变。此外,我国积累了国际减贫合作与交流的新方式。一是通过国际金融机构提升减贫成效;二是加强区域合作,推进国家减贫合作,输出"中国经验",促进全球减贫;三是制定和推动国际减贫政策。

向德平(2020)分析了我国缓解多维贫困的具体做法:其一,坚持扶贫扶志(智)相结合、输血造血相结合,综合运用文化扶贫、教育扶贫等多种方式,从文化和精神层面上给予贫困地区帮助,为贫困地区的经济发展提供精神动力和智力支持;其二,着重改善贫困地区群众的生产生活条件,注重贫困地区基础设施、教育、医疗卫生、住房、养老保障、公共文化服务体系建设,引导贫困地区着力消除致贫因素,促进社会公平;其三,加强贫困人口的政治参与能力,通过"赋权"推动贫困人口参与反贫困项目制定、实施和评估的过程,提升贫困人口的主体意识和话语地位,实现共建共享;其四,促进贫困群体参与市场活动,提升其市场竞争能力,同时灵活运用资产收益扶贫、社会保障兜底扶贫等方式,保障部分缺乏生产能力、无法直接参与市场活动的贫困群体共享经济社会发展成果的权利;其五,充分发挥社会组织的专业作用,通过疏导、教育等方式帮助贫困群体克服心理障碍、建立生活信心。

潘文轩(2020)分析了涓滴式减贫与瞄准式扶贫的策略差异,认为中国既充分利用经济发展的红利缓解贫困,又积极依靠"靶向治疗"精准帮扶贫困群体,故中国成功消除绝对贫困是涓滴式减贫与瞄准式扶贫共同作用的结果。在我国减贫实践中,涓滴式减贫和瞄准式扶贫逐渐形成了一种互补关系——前者主要起到促进贫困人群收入增长与生活水平提高的作用，而后者一定程度上缩小了贫困人群与非贫困人群间的差距。

第三节 减贫战略选择与 "大扶贫" 格局

一 减贫战略选择

史志乐和张琦（2021）认为，把改革与发展作为摆脱贫困的根本举措，是中国共产党领导人民摆脱贫困的重要途径。通过改革与发展，我国建立了社会主义市场经济体制，解放和发展了社会生产力，为大规模减贫战略的实施奠定了重要的经济基础。

吴振磊和夏鑫雨（2020）认为，中国贫困治理始终贯彻了区域发展带动的战略。改革开放前，在内地欠发达地区重点建设重工业，为这些地区的贫困治理奠定了产业基础。改革开放初期的沿海优先发展战略，强调以总体经济效益为目标，通过在东部沿海地区培育经济增长极，以先富带动后富，是以改革促减贫的关键实现机制之一。20 世纪 90 年代以来，通过西部开发、东北振兴和中部崛起等区域协调发展战略，弥补了欠发达地区基础设施、产业发展和公共服务等方面的短板。2011 年，新的扶贫纲要将 "区域发展与扶贫开发相互促进" 作为基本思路，在精准扶贫时期，14 个集中连片特困地区成为扶贫的主战场。

李小云和季岚岚（2020）认为，采取有利于穷人的经济增长模式并在不同时期形成持续的、有机衔接的减贫机制是我国贫困治理的重要经验。20 世纪 50 年代的土地改革作为制度性减贫的重要政策，起到了直接减贫和促进社会公平的双重作用。随后推进的国家现代化战略，其核心在于改造传统农业、实行工业化，其主要目标就是消除贫困，为改革开放后经济的迅速增长提供了重要的基础。改革开放前形成的相对公平的收入分配格局也为中国整体发展与减贫创造了公平的起始条件，这构成中国减贫机制的第一个连接点。1986 年后乡镇企业和农村工业化成为中国减贫的新动力。随后，外资推动的工业化和城市化进程带动农村劳动力跨区域流动，形成了中国益贫性经济增长模式。随着不平等程度的加剧，经济结构的益贫性特点逐渐减弱，中国在经济增长框架下实行了带有补充和矫正区域发展差异和群体差异性质的减贫政策。

汪三贵（2008）认为，中国大规模减贫的主要推动力量是经济增长，特别是由一系列的改革开放措施、持续的人力和物质资本积累和不断的技术进步推动的农业和农村经济的持续增长，有针对性的开发式扶贫投资对减贫也起到了补充作用。同时，我国从 20 世纪 80 年代中期开始实施的针对性减贫政策和大规模的扶贫投资，形成了中国开发式扶贫政策，一定程度上推进了中国大规模减贫进程。

黄承伟（2020）指出，在不同的历史时期，根据国家发展情况和贫困人口、贫困特征的变化，我国制定和实施相应的扶贫战略和政策体系（计划经济体制下的广义扶贫战略、农村经济体制变革下的扶贫战略、区域开发式扶贫战略、综合性扶贫攻坚战略、整村推进与"两轮驱动"扶贫战略、以精准扶贫和精准脱贫为方略的脱贫攻坚战略等），走出了一条中国特色扶贫开发道路。这条道路的特点及其蕴含的基本经验主要体现在以下几个方面。一是始终坚持党的领导和以人民为中心的发展思想，这是中国特色减贫道路的根本特征。二是始终坚持扶贫开发领域的改革创新，这是中国特色减贫道路的核心内容。三是始终坚持扶贫同扶志扶智相结合，这是中国特色减贫道路的重要特点。四是始终坚持构建大扶贫格局，这是中国特色减贫道路的制度优势。五是始终坚持扶真贫、真扶贫、真脱贫，这是中国特色减贫道路的本质要求。六是始终坚持交流互鉴，促进人类命运共同体建设，这是中国特色减贫道路的价值取向。

张远新和吴素霞（2020）认为，开发式扶贫是中国政府深刻总结自身救济式扶贫教训而确立的一项基本路径，其要义是鼓励和引导贫困地区和贫困群众，在国家必要的帮助和扶持下，结合本地的特点，通过发展产业来增强自我发展能力，进而解决生存和温饱问题，实现脱贫致富。这一经验表明，扶贫开发是解决贫困问题的主要途径，一个国家的贫困治理要取得实效，一定要从本地实际出发，通过自身发展来解决贫困问题。

潘文轩（2020）指出，我国在减贫实践中通过将开发式扶贫与保障式扶贫相结合，提升了减贫效果。20世纪80年代中期，中国将开发式扶贫确立为扶贫的基本方针，开启了"造血式"扶贫之路，充分利用了经济增长带动减贫的效应；进入21世纪后，政府加快推进农村社会保障制度建设，逐步将农村社会保障嵌入扶贫开发，推动了开发式扶贫与保障式扶贫的结合。保障式扶贫较好地弥补了开发式扶贫的不足：一方面为丧失或缺乏劳动能力的贫困人口提供了兜底保障，帮助他们摆脱贫困状态；另一方面为脆弱人群提供了风险分散的途径，助力巩固脱贫成果、防止返贫与新增贫困。两种减贫方式的衔接与联动机制日趋完善，增强了扶贫政策的减贫效果。

2015年6月，习近平总书记全面阐述了精准扶贫的概念，并先后提出包括扶持对象精准、项目安排精准、资金使用精准、措施到户精准、因村派人精准、脱贫成效精准在内的"六个精准"及包括发展生产脱贫一批、易地搬迁脱贫一批、生态补偿脱贫一批、发展教育脱贫一批和社会保障兜底一批在内的"五个一批"，指明了扶贫工作方式的转变方向，并明确了精准扶贫的实施路径。这改变和创新了扶贫方式，在贫困治理结构，资源的整合、配置和使用，监督和考核等方面带来了革命性变化（李培林和魏后凯，2016）。精准扶贫战略成为我国打赢脱贫攻坚的基本经验之一。

成向东和张新平（2021）认为，党的十八大以来我国实施的精准扶贫战略是高效消除绝对贫困的重要途径和基本经验之一。黄承伟（2020）认为，精准扶贫战略从内源式扶贫、合力扶贫、制度扶贫等多个层面认识和构建了中国农村贫困治理理论，具有很强的针对性、政策性和实践性，对于国际贫困治理理论的创新及推动广大发展中国家加快摆脱贫困的进程，都有重大的借鉴意义。

张远新和吴素霞（2020）认为，近年来，我国正是坚定不移地贯彻执行精准扶贫战略，找准"贫根"，对症下药，靶向治疗，才使扶贫真正扶到点上、扶到根上，使扶贫减贫取得了良好的效果。

潘文轩（2020）指出，基于贫困成因的多样性和复杂性，中国在扶贫工作中综合运用了产业扶贫、就业扶贫、教育扶贫、健康扶贫、搬迁扶贫、生态扶贫、资产收益扶贫、低保兜底扶贫等多种手段，全力打好政策"组合拳"。随着扶贫工作的持续推进，农村绝对贫困逐渐由整体性贫困向个体性贫困转变，贫困的异质性特征越来越明显，这客观上要求加强扶贫手段运用的针对性。进入精准扶贫和精准脱贫阶段后，分类精准施策促进了扶贫举措与贫困主体的高效对接，提高了扶贫政策同贫困主体实际需求的匹配度，更好地满足了贫困户的差异化需要，使各种扶贫手段的减贫脱贫成效大幅提升。

二 构建"大扶贫"格局

张远新和董晓峰（2021）认为，广泛动员和凝聚全社会力量共同参与脱贫攻坚，是新时代中国特色脱贫攻坚的重要特征，是社会主义制度优越性的重要体现，也是我国脱贫攻坚的成功经验。新时代以来，我国继续强化东西部扶贫协作和对口支援，健全东西部扶贫协作机制、定点扶贫机制和全社会力量参与机制，形成了全社会参与脱贫攻坚的大扶贫格局，为做好脱贫攻坚工作提供了强大的力量支撑。

潘文轩（2020）提出，外部帮扶是脱贫的外因，自我发展是脱贫的内因，两者缺一不可。在改革开放初期，中国贫困地区的发展基础薄弱，农村贫困人口生计资本低，单靠贫困主体自身努力难以摆脱贫困。基于这一客观事实，扶贫开发在初始阶段主要依靠外部力量推动。中央与各级地方政府持续加大对扶贫的投入，推出了一系列针对贫困地区和贫困人口的帮扶政策。与此同时，各种社会力量也被全面动员起来参与扶贫，企事业单位、社会组织乃至公民个人均成为扶贫的重要主体。在强大外力的持续推动下，贫困地区的经济社会发展条件日渐改善，贫困群众的收入与生活水平不断提高。

成向东和张新平（2021）认为，精准扶贫战略的实施实现了由自上而下的输血式扶贫向多元协同下的"造血式"扶贫的根本性转变，吸引了社会各界力量共同参与，在东西协作和定点帮扶制度安排下形成了政府、市场、社会互动，行业扶贫、专项扶贫、社会扶贫联动的基本格局，为脱贫攻坚形成了强大合力。从运行动力看，"中国减贫方案"充分调动困难群众积极性、主动性和创造性，重在激发贫困群众的内在活力与自我发展能力，解决"等、靠、要"的问题，充分体现了人民群众是历史创造者的马克思主义唯物史观。

燕继荣和王禹澔（2020）认为，中国反贫困政策取得优异成绩的经验在于将提升人的可行能力作为政策核心，使保障济贫与发展脱贫相互促进，同时构建了以国家作为反贫主体、以社会力量作为扶贫主体、以贫困作为脱贫主体的协同治理格局。

潘文轩（2020）分析了专项扶贫、行业扶贫、社会扶贫的具体功能和实施途径，认为通过开展综合性的大扶贫，扶贫主体更加多元化，全社会扶贫力量的整合性得到加强，既促进了减贫资源投入的较快增长，又推动了扶贫方式的不断创新。政府主导、市场和社会全面参与的"三位一体"大扶贫格局，成为中国特色反贫困模式的一个标志性特征。

三　激发内生力量

潘文轩（2020）指出，在加强外部帮扶的同时，政府等扶贫主体也积极促进内源式扶贫，想方设法增强贫困人口的自我发展动力与能力。党的十八大后，习近平总书记明确提出"扶贫必扶智，治贫先治愚"及

"把扶贫同扶志结合起来"，深刻揭示了贫困群众自我发展的重要性。在实践中，各地多措并举提升贫困农户的自我发展动力与能力，主要包括宣传扶贫政策与脱贫事迹，提振脱贫信心、调动脱贫积极性；深入实施教育扶贫，提高人力资本水平；积极开展劳务培训，增强劳动技能；创造条件让贫困户参与产业扶贫，提升经营能力。

张远新和董晓峰（2021）认为，充分调动贫困群众的积极性、主动性和创造性，着力引导他们树立脱贫信心和决心，激发他们的内生动力是新时代脱贫攻坚赢得胜利的基本经验之一。

第四节 中国减贫的动力机制和制度安排

一 动力机制

李小云、徐进和于乐荣（2020）认为，持续的、相互联结的动力机制是我国实现大规模脱贫的关键。从减贫的经济机制看，改革开放初期我国农业发展极大地解决了农村食物性贫困问题，农业生产的多元化也拓宽了农民收入渠道，这为推动大规模减贫提供了基础。乡镇企业的发展和农村工业化发展使农业和工业有机联系起来，增加了农民非农就业收入，农业人口的转移也提升了务农人口的收入水平，为减贫创造了持续性的条件。同时，由工业化推动的城市化进程促进农村劳动力向城市流动，使农村人口获得较高收入，缓解了农村非收入性贫困。从减贫的文化机制看，我国农村基于熟人关系的传统社会网络以及"笑贫文化"等构成了我国减贫的文化机制。在具体工作机制上，我国探索形成了政府主导、全社会参与的扶贫机制。政府在改革开放以来大规模的贫困治理中发挥了主导作用，同时通过实施东西部扶贫协作、定点扶贫、社会帮扶等，将中央机关、民营企业、社会组织等纳入扶贫主体，拓宽了扶贫资源供给渠道，贫困地区和发达地区在资源、资金、人才、劳动力等方面建立起有机的流动、对接机制，强化了开发式扶贫的机制和效果。

张琦、张涛和李凯（2020）分析了中国扶贫开发机制变革的过程，认为其特点和经验主要体现在以下几个方面：一是围绕共同富裕目标，对扶贫政策进行阶段性调整与不断优化；二是围绕扶贫减贫治理体系，进行了精准扶贫的新探索；三是合理制定目标，实现了从扶贫到脱贫的适时转变与发展；四是通过协调区域发展对接国家区域发展战略与扶贫减贫政策；五是国家、社会与市场相结合，形成大扶贫格局；六是开发式扶贫与保障式扶贫有效结合，实现了模式创新；七是强调可持续发展，实现了绿色生态发展与减贫结合的绿色减贫模式创新；八是通过普惠金融实现了金融扶贫模式的创新与发展；九是将深度贫困的创新治理模式作为新时代扶贫脱贫的重点；十是将防贫减贫与防灾减灾相结合，将贫困治理与灾害治理相统筹。

二　制度安排

韩克庆（2021）指出，政策创新是消除贫困的制度保障。在改革发展进程中，党和政府面对外部环境的变化，不断进行政策创新，有效化解了扶贫工作中遇到的各种问题。

温铁军、王茜和罗加铃（2021）认为，中华人民共和国成立以来，一系列的减贫成就得益于重大减贫战略所形成的综合性制度成果。该研究指出，20 世纪 50 年代和 20 世纪 80 年代两次土地改革为农村大规模脱贫奠定了以土地财产为核心的经济基础，使资源禀赋较差的农民能够在农村工业化过程中获得就业机会，推动实现较大范围的脱贫。十一届三中全会后，国家相继启动"三西"专项扶贫计划（1982 年）、"八七"扶贫攻坚计划（1994 年）等重大开发式扶贫计划，并于 2001 年印发了《中国农村扶贫开发纲要（2001—2010 年）》。2012 年党的十八大以来，国家提出精准扶贫、精准脱贫方略，有组织、有体系、有计划地深化减贫事业，以举国之力调动一切积极力量消除贫困，并于 2013 年正式确立生态文明战略。党的十九大又进一步明确实施乡村振兴战略，统筹推进乡村经济建设、政治建设、文化建设、社会建设、生态文明建设和党的建设。

黄承伟（2019）认为，改革开放确立了市场经济体制，允许多种经济成分并存发展，调动了社会各方面积极性，解放了生产力，为实施大规模减贫战略奠定了基础。

汪三贵（2010）认为，中国大规模减贫成效不仅得益于政治的持续稳定和经济的持续增长，还得益于政府在寻求有效的扶贫体制和政策措施方面的不懈努力。中央和地方政府表现出了强大的动员能力，动员政府各部门与民间组织和国际机构等共同参与扶贫事业，并通过体制创新发挥各个政府部门的比较优势，提高现有行政体系的运行效率、降低管理成本。

中国在脱贫攻坚过程中建立了具有自身特色的脱贫攻坚制度体系，即"加强党对脱贫攻坚工作的全面领导，建立各负其责、各司其职的责任体系，精准识别、精准脱贫的工作体系，上下联动、统一协调的政策体系，保障资金、强化人力的投入体系，因地制宜、因村因户因人施策的帮扶体系，广泛参与、合力攻坚的社会动员体系，多渠道全方位的监督体系和最严格的考核评估体系"（习近平，2020）。

叶敬忠（2020）认为，在国家对扶贫资源的调动和统筹规划下，深入推进东西部扶贫协作和党政军机关定点扶贫，构建专项扶贫、行业扶贫、社会扶贫的"三位一体"大扶贫格局，是中国能够消除绝对贫困的关键。其中，国家消除绝对贫困的强大意愿和坚定决心形成了脱贫攻坚的政治保证，国家强大的组织体系和动员能力形成了中国特有的政府主导的扶贫模式。

吴振磊和夏鑫雨（2020）认为，改革开放以来，我国扶贫政策日益完善，在分散式救济基础上逐渐构建了完善的扶贫治理体系，形成了以开发式扶贫和社会救助为两大政策分支的政策体系。在经历了从政府独揽的单中心贫困治理模式到政府引导下的多中心协同治理体系的转变后，我国形成了专项扶贫、行业扶贫、社会扶贫"三位一体"的大扶贫格局。党的十八大以后，我国的扶贫工作一是强调中央小组高位推动与跨部门协作治理相结合；二是形成内推外拉的两重动力机制，增强贫困户的脱贫能动性，破除影响贫困地区发展的结构性障碍。扶贫瞄准对象经历了从区域到县，从县到村，再从县、村到农户的转变，瞄准方式从单维瞄准转变到多维瞄准，扶贫手段也从"大水漫灌"转变到"精准滴灌"，提升了扶贫工作的效率。

樊如茵（2020）认为，党的十八大以来，我国通过对资金项目管理机制、考核问责激励机制、扶贫资源动员机制及贫困人口参与机制进行创新，实现了对资金项目的集中管理，突出了脱贫攻坚问责激励作用，形成了政府、市场和社会共同参与的多元扶贫格局，并以产业扶贫提高了贫困人口的主动性，这些制度变革推动了减贫进程。

王丹和王太明（2021）认为，国家财政是治理农村绝对贫困的重要支撑。自20世纪90年代税制改革以来，中央财政能力不断增强，对农村贫困地区基础设施和生产、医疗、教育、生态等方面的财政投入越来越多，对农村贫困地区的财政转移支付力度持续加大，不仅为贫困地区带来了大量的就业机会，使群众工资性收入不断增加、贫困人口家庭风险应对能力不断增强，也推动了农村贫困地区基础设施完善、产业结构调整、乡风文明建设等，为农村贫困地区实现高质量脱贫发挥了积极作用。

潘文轩（2020）指出，中国在长期扶贫实践中，逐步建立起一套较系统的扶贫资源全流程管理体制，在扶贫资源的筹集、分配、使用和监管等方面发挥了积极作用，为消除绝对贫困做出了突出贡献。在扶贫资源筹集上，发挥财政扶贫资金的先导作用，撬动社会资金投入扶贫开发，不断拓宽扶贫资金的来源。在扶贫资源分配上，按因素法对财政专项扶贫资金进行科学分配，引入资金竞争性分配模式，强化以结果为导向的资金分配方法。同时,适时调整扶贫瞄准机制,通过瞄准对象的精细化提高扶贫资源分配的精准度。在资源使用上,加强扶贫项目库建设,将资金安排同项目库紧密结合,推动扶贫资源的集中使用,努力改变项目和资金"碎片化"现象,减少了扶贫资源的浪费,提高了扶贫资源使用效率。在资源监管上,加强对扶贫项目与资金的绩效考评,积极创新监管方式,探索建立多部门协同监管机制。此外,将扶贫项目审批权、扶贫资金管理权适度下放,赋予县级政府在扶贫领域更多的自主权,这既提高了贫困县的积极性与能动性,也更好地利用地方信息优势促进了扶贫资源优化配置。

参考文献

成向东,张新平.新时代"中国减贫方案":基本经验、世界意义与国际化路径 [J].社科纵横,2021,36(01):21-28.

樊如茵.党的十八大以来扶贫工作的基本经验 [J].学校党建与思想教育,2020, {4} (13):94-96.

范小建.中国特色扶贫开发的基本经验 [J].求是,2007, {4} (23):48-49.

方茜.中国为全球贫困治理开辟新境界 [J].红旗文稿,2020, {4} (11):30-32.

韩克庆.国际减贫事业的中国经验:治理规律与创新路径 [J].人民论坛,2021, {4} (11):35-37.

胡洪彬.百年反贫困:历程回溯、基本经验与前瞻启示 [J].青海社会科学,2020, {4} (06):61-70.

黄承伟.新中国扶贫70年:战略演变、伟大成就与基本经验 [J].南京农业大学学报 (社会科学版),2019,19(06):1-8+156.

黄承伟.中国减贫理论新发展对马克思主义反贫困理论的原创性贡献及其历史世界意义 [J].西安交通大学学报 (社会科学版),2020,40(01):1-7.

黄承伟.中国脱贫攻坚的历史进程和伟大成就(上)[J].湘潮,2020, {4} (09):4-8.

黄承伟.中国脱贫攻坚的历史进程和伟大成就（下）[J].湘潮，2020，{4}（10）：4-8.

黄承伟.中国新时代脱贫攻坚的历史意义与世界贡献[J].南京农业大学学报（社会科学版），2020，20（04）：2-10.

李培林，魏后凯.中国扶贫开发报告（2016）　[M].社会科学文献出版社，2016：19.

李向阳.为世界减贫贡献中国智慧[J].理论导报，2020，{4}（12）：36.

李小云，季岚岚.国际减贫视角下的中国扶贫——贫困治理的相关经验[J].国外社会科学，2020，{4}（06）：46-56.

李小云，徐进，于乐荣.中国减贫的基本经验[J].南京农业大学学报（社会科学版），2020，20（04）：11-21.

李小云.中国减贫的实践与经验：政府作用的有效发挥[J].财经问题研究，2020，{4}（09）：14-17.

吕培亮，李帆.从脱贫攻坚到全面共富——彰显以人民为中心的治国理念[J].石河子大学学报（哲学社会科学版），2021，35（01）：15-22.

骆郁廷，余杰.全球贫困治理中国奇迹的制度密码[J].当代世界与社会主义，2021，{4}（01）：38-46.

潘文轩.中国消除绝对贫困的经验及对2020年后解决相对贫困的启示[J].兰州学刊，2020，{4}（08）：175-185.

彭庆红.人类反贫困的划时代成就[J].红旗文稿，2021，{4}（03）：29-32.

蒲实，袁威.中国共产党的百年反贫困历程及经验[J].行政管理改革，2021，{4}（05）：16-25.

申唯正.反贫困中国经验：精准脱贫的顶层设计与社会总动员[J].东华大学学报（社会科学版），2020，20（04）：318-321+329.

史志乐，张琦.中国共产党领导人民摆脱贫困的百年实践探索[J].中国浦东干部学院学报，2021，15（01）：39-47+80.

宋锐，曹东勃.中国贫困治理的制度透视及实践导向[J].甘肃社会科学，2020，{4}（06）：79-86.

谭清华.中国减贫70年：历程、经验与意义[J].理论导刊，2019，{4}（11）：11-16.

汪三贵. 在发展中战胜贫困——对中国 30 年大规模减贫经验的总结与评价 [J]. 管理世界, 2008, {4} (11)：78 – 88.

汪三贵. 中国特色反贫困之路与政策取向 [J]. 毛泽东邓小平理论研究, 2010, {4} (04)：17 – 21 + 85.

王丹, 王太明. 中国共产党治理农村绝对贫困的基本特征、主要经验及现实启示 [J]. 理论学刊, 2021, {4} (01)：50 – 58.

王帆宇. 改革开放以来中国特色扶贫道路：脉络梳理与经验总结 [J]. 西北民族大学学报 (哲学社会科学版), 2020, {4} (01)：8 – 17.

王小林. 新中国成立 70 年减贫经验及其对 2020 年后缓解相对贫困的价值 [J]. 劳动经济研究, 2019, 7 (06)：3 – 10.

温铁军, 王茜, 罗加铃. 脱贫攻坚的历史经验与生态化转型 [J]. 开放时代, 2021, {4} (01)：169 – 184 + 8 – 9.

吴振磊, 夏鑫雨. 中国特色社会主义扶贫道路的特征与展望 [J]. 西安财经大学学报, 2020, 33 (04)：45 – 52.

习近平.《习近平谈治国理政》(第三卷) [M]. 外文出版社, 2020.

向德平. 贫困治理的中国经验：政策逻辑与实践路径 [J]. 社会政策研究, 2020, {4} (04)：50 – 59.

解安. "七个坚持" 读懂中国脱贫攻坚密码 [J]. 人民论坛, 2021, {4} (11)：19 – 23.

谢岳. 中国贫困治理的政治逻辑——兼论对西方福利国家理论的超越 [J]. 中国社会科学, 2020, {4} (10)：4 – 25 + 204.

许文文. 整体性扶贫：中国农村开发扶贫运行机制研究 [J]. 农业经济问题, 2017, 38 (05)：65 – 71 + 111 – 112.

燕继荣. 反贫困与国家治理——中国 "脱贫攻坚" 的创新意义 [J]. 管理世界, 2020, 36 (04)：209 – 220.

燕继荣, 王禹澔. 保障济贫与发展脱贫的主题变奏——中国反贫困发展与展望 [J]. 南京农业大学学报 (社会科学版), 2020, 20 (04)：22 – 34.

叶敬忠. 中国贫困治理的路径转向——从绝对贫困消除的政府主导到相对贫困治理的社会政策 [J]. 社会发展研究, 2020, 7 (03)：28 – 38.

曾小溪, 汪三贵. 中国大规模减贫的经验：基于扶贫战略和政策的历史考察 [J].

西北师大学报（社会科学版），2017，54（06）：11－19.

张建.中国贫困治理的党政体制及其效能研究——基于青海省 H 县脱贫攻坚实践的考察［J］.中国农业大学学报（社会科学版），2020，37（06）：61－70.

张靖.国内外关于城镇贫困治理的主要经验及其启示［J］.特区经济，2012，｛4｝（04）：95－97.

张军扩.中国减贫的成功之道何在［J］.中国发展观察，2020，｛4｝（S1）：8－9.

张力，逄强，张琦.中国贫困治理的实践历程和主要经验［J］.社会治理，2021，｛4｝（01）：32－40.

张明皓，豆书龙.2020 年后中国贫困性质的变化与贫困治理转型［J］.改革，2020，｛4｝（07）：98－107.

张琦，冯丹萌.我国减贫实践探索及其理论创新：1978～2016 年［J］.改革，2016，｛4｝（04）：27－42.

张琦，张涛，李凯.中国减贫的奇迹：制度变革、道路探索及模式创新［J］.行政管理改革，2020，｛4｝（05）：47－56.

张晓颖，王小林.东西扶贫协作：贫困治理的上海模式和经验［J］.甘肃社会科学，2021，｛4｝（01）：24－31.

张新平，成向东.新时代"中国减贫方案"的世界意义［J］.甘肃社会科学，2020，｛4｝（06）：71－78.

张远新.国外政要学者视野下的中国贫困治理：简介与评析［J］.江汉论坛，2020，｛4｝（09）：69－74.

张远新，董晓峰.论脱贫攻坚的中国经验及其意义［J］.浙江社会科学，2021，｛4｝（02）：4－10＋155.

张远新，吴素霞.全球贫困治理的中国经验与世界启示［J］.思想政治课研究，2020，｛4｝（04）：128－133.

郑嘉伟，王红续.中国贫困治理经验的国际化总结与对外传播［J］.内蒙古师范大学学报（哲学社会科学版），2020，49（04）：61－70.

钟凯."后扶贫时代"深贫地区贫困治理的理论思考——基于四川省贺波洛乡的实证考察［J］.农村经济，2020，｛4｝（11）：79－86.

周文，郑继承.减贫实践的中国贡献与经济学诺奖的迷误［J］.政治经济学评论，2020，11（04）：91－110.

专题六
中国贫困治理的世界意义

2019 年 8 月 15 日,习近平总书记在解决"两不愁三保障"突出问题座谈会上的讲话中指出,我们在扶贫脱贫方面取得的成就和经验,为全球减贫事业贡献了中国智慧和中国方案,彰显了中国共产党领导和我国社会主义制度的政治优势,赢得了国际社会高度评价,很多国家和国际组织表示希望中国分享减贫经验。在发展中国家中,只有中国实现了经济快速发展和大规模减贫同步,贫困人口共享改革发展成果,这是一个了不起的人间奇迹。脱贫攻坚取得全面胜利,实现了全面小康路上一个都不掉队的目标,在促进全体人民共同富裕的道路上迈出了坚实一步。完成脱贫攻坚这一伟大事业,不仅在中华民族发展史上具有重要里程碑意义,更是中国人民对人类文明和全球反贫困事业的重大贡献。

2021 年 4 月 6 日,国务院新闻办公室发布《人类减贫的中国实践》白皮书。书中详细阐释了中国在减贫实践上的世界意义。

第一节　为人类减贫探索新的路径

消除贫困是全球性难题。各国国情不同,所处发展阶段不同,减贫标准、方式方法、路径手段也不同。中国减贫立足本国国情,深刻把握中国贫困特点和贫困治理规律,坚持中国共产党的领导,坚持以人民为中心的发展思想,坚持发挥中国社会主义制度集中力量办大事的政治优势，坚持精准扶贫方略，坚持调动广大贫困群众积极性、主动性、创造性，坚持弘扬和衷共济、团结互助美德，坚持求真务实、较真碰硬，走出了一条中国特色减贫道路，形成了中国特色反贫困理论。中国在减贫实践中探索形成的宝贵经验，既属于中国也属于世界，拓展了人类反贫困思路，为人类减贫探索了新的路径。

一　坚持以人民为中心

中国共产党是有远大抱负的政党。中国共产党的奋斗目标，既很宏伟也很朴素，归根结底是让全体人民过上好日子。100年来，不管国际国内形势如何变化，中国共产党始终把人民放在心中最高位置，始终坚守为人民谋幸福、为民族谋复兴的初心使命，以坚定不移的信念和意志，团结带领人民与贫困做斗争。进入新时代，中国共产党坚持以人民为中心的发展思想，采取一系列超常规政策举措推进脱贫攻坚，努力让贫困群众有更好的收入、更好的教育、更好的医疗卫生服务、更好的居住条件。把群众满意度作为衡量脱贫成效的重要尺度，集中力量解决贫困群众基本民生需求，宁可少上几个大项目，也要优先保障脱贫攻坚资金投入；宁可牺牲一些当前利益、局部利益，也要服从和服务于减贫工作大局；宁可经济增速慢一些，也要确保脱贫攻坚目标任务如期完成。在脱贫攻坚没有硝烟的战场上，广大党员、干部以热血赴使命，以行动践诺言，用自己的辛劳换来贫困群众的幸福。驻村第一书记和工作队员扎根一线、任劳任怨，基层党员干部呕心沥血、苦干实干，广大志愿者真情投入、倾力奉献。他们有的长期奋战在扶贫一线，舍小家为大家，付出很大牺牲；有的为群众脱贫四处奔波，爬山涉险，不辞劳苦；有的常年加班加点，积劳成疾；有的为扶贫工作负伤，仍然带病坚持工作。脱贫攻坚以来，1800多名党员、干部为减贫事业献出了宝贵生命，用实际行动践行了为人民牺牲一切的誓言。新时代脱贫攻坚实践，深刻诠释了以人民为中心的理念，是中国共产党全心全意为人民服务的宗旨在新时代最集中、最充分、最生动的体现。

中国减贫实践表明，贫困问题本质上是对人民的根本态度问题，以人民为中心是扶贫减贫的根本动力。真正把人民放在心上，真正把人民利益放在第一位，才能真正识贫、扶贫、脱贫，减贫才会有不竭动力、明确方向和好的办法。

二 把减贫摆在治国理政突出位置

贫困地区发展条件差，贫困人口自我发展能力弱，消除贫困仅仅依靠个体、区域、民间等力量远远不够，必须将其作为执政党和国家的责任，上升为国家意志、国家战略、国家行动。中国共产党始终把消除贫困作为定国安邦的重要任务，制定实施一个时期党的路线方针政策和提出国家中长期发展规划建议时都把减贫作为重要内容，从国家层面部署，运用国家力量推进。几代中国共产党人，锚定一个目标，一茬接着一茬干。中共十八大以来，中国共产党把脱贫攻坚摆在治国理政的突出位置，加强党的集中统一领导，统筹谋划、强力推进。从党的领袖到广大党员干部，情系贫困群众、心怀减贫大业，全党目标一致、上下同心。加强顶层设计和战略规划，制定印发中共中央、国务院《关于打赢脱贫攻坚战的决定》《关于打赢脱贫攻坚战三年行动的指导意见》等政策文件，明确目标、路径和具体措施并一以贯之抓下去。各级财政不断加大投入力度，构建多元资金投入体系，为减贫事业发展提供资金保障。发挥社会主义制度集中力量办大事的优势，广泛动员各方力量积极参与。建立脱贫攻坚责任体系、政策体系、组织体系、投入体系、动员体系、监督体系、考核评估体系等制度体系，为脱贫攻坚顺利推进提供了有力支撑。

中国减贫实践表明，治国之道，富民为始；民之贫富，国之责任。减贫是一项具有开拓性的艰巨工作，实现减贫目标，领导人的情怀、意志和决心至关重要，执政党和国家对担负起对人民的责任、发挥主导作用、汇聚各方力量至关重要，而保持政策的连续性和稳定性也至关重要。

三　用发展的办法消除贫困

贫困问题说到底是发展问题。作为拥有 14 亿人口的世界上最大的发展中国家，发展是解决包括贫困问题在内的中国所有问题的关键。中国共产党始终把发展作为执政兴国的第一要务，集中精力搞建设、谋发展，通过发展解决不平衡不充分发展问题，创造了经济快速发展奇迹和社会长期稳定奇迹。把改革作为消除贫困的重要推动力，从中华人民共和国成立后进行土地改革，建立社会主义制度，到改革开放后实行家庭联产承包责任制，到确立社会主义市场经济体制、全面免除农业税，再到中共十八大以来实行农村承包地所有权、承包权、经营权"三权分置"和推进农村集体产权制度改革，不断消除导致贫困的制度性、结构性因素，不断促进农村发展、农民增收。积极顺应全球化潮流，坚定不移扩大对外开放，对外贸易持续快速增长，为广大农村劳动力创造了大量就业岗位、拓宽了增收渠道。中华人民共和国成立以来特别是改革开放以来，中国经济社会快速发展，经济总量不断跃升，综合实力显著提升，既对减贫形成了强大的带动效应，也为大规模扶贫开发奠定了坚实基础，提供了有力保障。

中国减贫实践表明，发展是消除贫困最有效的办法、创造幸福生活最稳定的途径。唯有发展，才能为经济社会发展和民生改善提供科学路径和持久动力；唯有发展，才能更好保障人民的基本权利；唯有发展，才能不断满足人民对美好生活的热切向往。

四　立足实际推进减贫进程

贫困问题具有多样性和复杂性，致贫原因也呈现差异性和多元性。中国立足本国国情，根据不同发展阶段和经济社会发展水平，根据贫困人口规模、分布、结构等的变化，科学制定减贫标准、目标、方略，不断创新减贫理念、方法、手段，循序渐进、持续用力、滴水穿石。新中国成立后，主要是通过社会制度变革和大规模社会主义建设减缓贫困。改革开放以来，主要是通过农村经济体制改革和经济增长带动减贫，重点采取开发式扶贫方针，引导贫困地区和贫困群众以市场为导向，调整经济结构，开发当地资源，发展商品生产，提高自我积累、自我发展能力。进入新时代，在继续坚持开发式扶贫的同时，实施精准扶贫方略，扶贫路径由"大水漫灌"转为"精准滴灌"，资源使用方式由多头分散转为统筹集中，扶贫模式由偏重"输血"转为注重"造血"，考评体系由侧重考核地区生产总值转为主要考核脱贫成效。中国根据经济社会发展和减贫事业推进的实际，逐步调整提高扶贫标准，让发展成果更多更好地惠及人民群众。

中国减贫实践表明，贫困的发生演变有其自身特点和规律，贫困治理必须从实际出发，科学研判制约减贫和发展的瓶颈因素，找准释放减贫动力的突破口，因时因势因地制宜，不断调整创新减贫的策略方略和政策工具，提高贫困治理效能。

五　发挥贫困群众主体作用

贫困群众是脱贫致富的主体。扶贫减贫既要借助外力，更要激发内力，才能形成合力。中国充分尊重、积极发挥贫困群众主体作用，激发培育贫困群众内生动力，增强参与发展、共享发展、自主发展的能力，使贫困群众不仅成为减贫的受益者，也成为发展的贡献者。坚持扶贫与扶志、扶智相结合，既富口袋，更富脑袋，让贫困群众既有脱贫致富的想法，又有脱贫致富的办法。依托农民夜校、新时代讲习所等，加强教育培训，提升贫困群众发展生产和务工经商的基本技能。改进扶贫方式，建立正向激励、比学赶帮超的有效机制，更多采用生产奖补、劳务补助、以工代赈等方式，激励贫困群众依靠劳动创造幸福。大力宣传自强不息、奋斗脱贫的先进典型，广泛开展生动活泼、形式多样的宣传教育，引导贫困群众树立"宁愿苦干、不愿苦熬"的观念，用双手改变贫困落后面貌。

中国减贫实践表明，人民是历史的创造者、推动者，是顶天立地的真正英雄。只要坚持为了人民，依靠人民，尊重人民主体地位和首创精神，激励贫困群众自力更生、艰苦奋斗的内生动力，就一定能够战胜贫困。

六　汇聚各方力量形成强大合力

扶贫减贫是艰巨复杂的系统工程，需要调动各方积极参与。为打赢脱贫攻坚战，中国共产党依托严密组织体系和高效运行机制，广泛有效动员和凝聚各方力量，构建政府、社会、市场协同推进，专项扶贫、行业扶贫、社会扶贫互为补充的大扶贫格局，形成跨地区、跨部门、跨单位、全社会共同参与的多元主体的社会扶贫体系。加强东西部扶贫协作和对口支援，推动省市县各层面帮扶，促进人才、资金、技术向贫困地区流动，实现优势互补，缩小区域差距。积极开展定点扶贫，组织各级党政机关、人民团体、国有企事业单位和军队帮扶贫困县或贫困村。各民主党派、工商联和无党派人士充分发挥各自优势，为打赢脱贫攻坚战献智献力。积极推动各行各业发挥专业优势，开展产业扶贫、科技扶贫、教育扶贫、文化扶贫、健康扶贫、消费扶贫。广泛动员民营企业参与扶贫开发，引导市场开发能力强的主体进入资源开发潜力大的地区，实现互惠互利、共同发展。广泛动员社会组织、公民个人积极参与脱贫攻坚，开展扶贫公益活动。设立国家扶贫日，建立脱贫攻坚国家荣誉制度，表彰脱贫攻坚先进典型，营造了人人愿为、人人可为、人人能为的社会帮扶氛围。

中国减贫实践表明，只有动员和凝聚各方力量，引导全社会关爱贫困群众、关心减贫事业、投身脱贫行动，形成共同意志、共同行动，聚力攻坚克难，才能最终战胜贫困顽疾。

中国特色减贫道路，是中国人民在中国共产党的领导下，经过长期艰辛探索开创出来的一条成功道路。中国消除绝对贫困的成功实践和宝贵经验，深化了人类对减贫规律的认识，丰富发展了人类的反贫困理论，提振了各国特别是广大发展中国家消除绝对贫困的信心，为其他国家选择适合自己的减贫发展道路提供了参考和借鉴，为破解现代国家治理难题，开辟人类社会发展更加光明的前景提供了中国方案。

第二节　为全球减贫事业做出了中国贡献

2018 年 11 月 1 日，习近平向改革开放与中国扶贫国际论坛致贺信中指出，中国作为世界上人口最多的发展中国家，一直是全球减贫事业的积极倡导者和有力推动者。中华人民共和国成立以来，中国共产党领导人民自力更生、艰苦奋斗，为解决贫困问题付出了艰辛努力。特别是 40 年前，中国开启了改革开放的伟大历程，同时也开启了人类历史上最为波澜壮阔的减贫进程。过去 40 年来，中国人民积极探索、顽强奋斗，实现 7 亿多贫困人口摆脱绝对贫困，创造了人类减贫史上的奇迹。2019 年，习近平总书记在庆祝改革开放 40 周年大会上的讲话中强调，40 年来，我们始终坚持在发展中保障和改善民生，全面推进幼有所育、学有所教、劳有所得、病有所医、老有所养、住有所居、弱有所扶，不断改善人民生活、增进人民福祉。全国居民人均可支配收入由 171 元增加到 2.6 万元，中等收入群体持续扩大。我国贫困人口累计减少 7.4 亿人，贫困发生率下降 94.4 个百分点，谱写了人类反贫困史上的辉煌篇章。2019 年 4 月，习近平在解决"两不愁三保障"突出问题座谈会上的讲话中指出，我们在扶贫脱贫方面取得的成就和经验，为全球减贫事业贡献了中国智慧和中国方案，彰显了中国共产党领导和我国社会主义制度的政治优势，赢得了国际社会高度评价，很多国家和国际组织表示希望分享中国减贫经验。在发展中国家中，只有中国实现了快速发展和大规模减贫同步，贫困人口共享改革发展成果，这是一个了不起的人间奇迹。

中华人民共和国国务院新闻办公室发布的《人类减贫的中国实践》

中指出，中国将携手共建没有贫困的共同发展的人类命运共同体。世界好，中国才能好；中国好，世界才更好。中国始终把自身命运与世界各国人民命运紧密相连，在致力于消除自身贫困的同时，积极参与国际减贫合作，做国际减贫事业的倡导者、推动者和贡献者，与各国携手共建没有贫困、共同发展的人类命运共同体。

一　中国的减贫和发展加快全球减贫进程

100年来，在中国共产党领导下，中国人民从翻身解放到解决温饱、从基本小康到全面小康，中国以自己的发展为人类反贫困做出重大贡献。改革开放以来，按照现行贫困标准计算，中国7.7亿农村贫困人口摆脱贫困；按照世界银行国际贫困标准，中国减贫人口占同期全球减贫人口70%以上。在全球贫困状况依然严峻，一些国家贫富分化加剧的背景下，中国打赢脱贫攻坚战，提前10年实现2030年可持续发展议程设定的减贫目标，显著缩小了世界贫困人口的版图，"为实现2030年可持续发展议程所描绘的更加美好和繁荣的世界作出了重要贡献"。作为世界上最大的发展中国家，中国实现了快速发展与大规模减贫同步，经济转型与消除绝对贫困同步，如期全面完成脱贫攻坚目标任务，大大加快了全球减贫进程，谱写了人类反贫困历史新篇章。

二　国际社会对中国减贫提供支持和援助

中华人民共和国成立后，努力打破外部封锁，积极开展对外交流合作，争取国际社会支持。改革开放以来，中国与联合国发展系统和世界银行在扶贫领域开展广泛合作，同时接受部分发达国家提供的援助，实施减贫合作项目，不仅在资金投入、知识转移、技术援助等方面获得支持，而且学习借鉴国际社会先进的扶贫理念与方式方法，推动了中国减贫事业发展。中国先后与联合国开发计划署、世界银行等国际机构和组织合作，在部分贫困县实施外资扶贫项目，引进各种优惠贷款和无偿援助。国际减贫交流合作项目缓解了项目区贫困人口的贫困程度，推动了中国减贫的制度创新和管理水平提升，为项目区的可持续发展奠定了基础。对国际社会给予的宝贵支持和帮助，中国人民永远铭记在心。中华民族是懂得感恩、投桃报李的民族，中国始终在力所能及的范围内为其他国家减贫和发展提供支持。

三 中国积极开展国际减贫交流合作

中国积极参与全球贫困治理，不断深化减贫领域交流合作，推动建立以相互尊重、合作共赢为核心的新型国际减贫交流合作关系，携手增进各国人民福祉。支持广大发展中国家减贫发展。中华人民共和国成立伊始，在国家百废待兴、财力紧张的情况下，即向有关国家提供援助，为发展中国家争取民族独立和解放，促进经济社会发展提供了支持。改革开放后，中国对外援助内容更加丰富，形式更加多样，促进了中国与其他发展中国家的共同发展。进入新时代，中国担负大国责任，推动对外援助向国际发展合作转型升级，为破解全球发展难题，落实2030年可持续发展议程提出中国方案，贡献中国智慧，注入中国力量。习近平主席在多个国际重大场合宣布中国开展国际发展合作的一系列务实举措，已按期落实或正在按照进度有序推进。中国发起共建"一带一路"倡议，推动更大范围、更高水平、更深层次的区域经济社会发展合作，支持帮助相关国家更好实现减贫发展。据世界银行研究报告，共建"一带一路"将使相关国家760万人摆脱极端贫困，3200万人摆脱中度贫困。中华人民共和国成立70多年来，中国向亚洲、非洲、拉丁美洲和加勒比地区、大洋洲和欧洲等地区160多个国家和国际组织提供多种形式的援助，减免有关国家债务，为广大发展中国家落实千年发展目标提供帮助。实施惠及民生的国际减贫合作项目。在亚洲地区，中国与东盟国家共同开展乡村减贫推进计划，在老挝、柬埔寨、缅甸三国乡村基层社区实施"东亚减贫示范合作技术援助项目"。在非洲地区，中国为非洲多国援建水利基础设施、职业技术学校、社会保障住房等，打造农业合作示范区，推进实施中非菌草技术合作、中非友好医院建设、非洲疾控中心总部建设等项目。在南太平洋地区，中国推动落实对太平洋岛国的无偿援助、优惠贷款等举措，开展基础设施建设和农业、医疗等技术合作援助项目。在拉美地区，援建农业技术示范中心，帮助受援国当地民众摆脱贫困。中国还与联合国教科文组织合作设立国际农村教育研究与培训中心等机构，面向非洲、东南亚等国家实施农村教育转型、教师培训等项目。分享交流减贫经验。通过搭建平台、组织培训、智库交流等多种形式，开展减贫交流，分享减贫经验。在国际消除贫困日，中国与联合国驻华机构联合举办减贫与发展高层论坛活动。中国发起中国—东盟社会发展与减贫论坛、人类减贫经验国际论坛，举办中非减贫与发展会议、"摆脱贫困与政党的责任"国际理论研讨会、改革开放与中国扶贫国际论坛等一系列研讨交流活动。与东盟秘书处和东盟有关国家合作，面向基层村官（社区官员）实施"东盟＋3村官交流项目"。与有关国家和地区组织合作开展国际减贫培训，2012年以来，共举办130余期国际减贫培训班，来自116个国家（组织）的官员参加培训。当今世界正处于百年未有之大变局，新冠肺炎疫情仍在全球蔓延，贫穷、饥饿、疾病侵蚀着人们追求美好生活的希望和信心。建设什么样的世界、人类文明走向何方，攸关每个国家、每个人的前途和命运。每个人都有过上好日子的权利。各国应担负起对人民的责任，积极推进减贫发展，让公平正义的阳光冲破贫困落后的阴霾，照亮繁荣发展的美好未来。中国愿同各国加强减贫交流合作，携手推进国际减贫进程，为构建没有贫困、共同发展的人类命运共同体做出更大贡献。

第三节　多国人士高度评价中国减贫的中国实践

中国减贫方案和减贫成就得到国际社会普遍认可。今年脱贫攻坚任务完成后，我国将有 1 亿左右贫困人口实现脱贫，提前 10 年实现 2030 年可持续发展议程设定的减贫目标，世界上没有哪一个国家能在这么短的时间内帮助这么多人脱贫，这对中国和世界都具有重大意义。国际社会对中国减贫方案是高度赞扬的。联合国秘书长安东尼奥·古特雷斯表示，精准扶贫方略是帮助贫困人口，实现 2030 年可持续发展议程设定的宏伟目标的唯一途径，中国的经验可以为其他发展中国家提供有益借鉴。在共建"一带一路"国际合作中，许多发展中国家希望分享中国减贫经验。我们国家领导人在同许多国家领导人或国际组织主要负责人见面时，他们都肯定中国的减贫成就。

上海合作组织前秘书长、吉尔吉斯斯坦前驻华大使穆拉特别克·伊马纳利耶夫认为，中国为全世界消除贫困做出重大贡献。中国减贫事业所取得的成就是中国共产党为人民幸福而奋斗的伟大胜利，这一成就首先要归功于中国共产党坚持以人民为中心的理念和成功实施的改革。

老挝人民革命党中央办公厅副主任京培表示，中国在抗击疫情的同时如期实现脱贫攻坚目标任务，说明中国共产党是全心全意为人民服务的党。希望世界各国从中国的脱贫经验中获益，携手共建没有贫困、共同发展的人类命运共同体。

乌兹别克斯坦国立大学经济学教授哈桑·阿布卡斯莫夫表示，中国减贫的成功实践表明，与贫困做斗争最重要的是勇气、远见、责任和担当。只要一个国家有坚定的意志和决心并付诸有效行动，就能够向着摆脱贫困、实现共同富裕的美好前景不断迈进。

埃及中国友好协会主席艾哈迈德·瓦利认为，从中国的减贫实践中可以清楚地看到，中国共产党和中国政府具有强烈的使命感。尽管面临各种挑战，但中国从容应对并如期完成目标任务，值得很多国家学习。

土耳其爱国党主席佩林切克认为，中国减贫事业创造了奇迹。中国共产党领导中国人民实现全面消除绝对贫困给人留下深刻印象，"这是人类伟大的历史成就"。

《菲律宾星报》专栏作家李天荣指出，中国的减贫实践给菲律宾带来重要启示，那就是减贫离不开坚强的领导，离不开民众的合力，离不开改革的决心。

乌干达经济政策研究中心高级研究员保罗·拉库玛说，在中国共产党领导下，中国选择了正确的发展道路，实施了一系列改革措施，为减贫提供了保障。

泰国正大管理学院中国－东盟研究中心主任汤之敏说，在当前复杂多变的国际形势下，白皮书指出中国始终做世界和平的建设者，全球发展的贡献者，国际秩序的维护者，这让人们看到，中国坚持开放包容，致力于发展繁荣，愿与其他国家携手共建更加美好的世界。①

联合国粮农组织减贫项目官员安娜·坎波斯表示，中国在减贫领域取得巨大成果，是因为始终把扶贫工作摆在重要位置，并且在扶贫方面有清晰的目标，中国在减贫领域为其他国家树立了榜样。美国著名未来学家约翰·奈斯比特讲到，从全球背景来看，中国减贫努力对寻求摆脱贫困的新兴经济体具有巨大价值。法国著名经济学家米歇尔·阿列塔指出，中国的扶贫成功经验值得推广学习。德国政治学家沃夫拉姆·阿多菲认为，中国政府是将减贫事业作为其使命和责任来对待和解决的，中国的减贫经验为世界提供了借鉴。印度夏马尔大学教授卡玛奇亚表示，中国的脱贫攻坚战，不仅是中国消灭贫穷问题，更是为人类社会做出的巨大贡献，为包括发达国家在内的所有国家做出了榜样，这是中国方案和中国理念对世界的贡献。

海外观察家表示，一国的经济增长并不意味着该国绝对贫困可以自然消除，而中国在实现经济高速发展的同时消除了绝对贫困，中国案例极具借鉴价值，密码就是中国实施了符合自身国情的减贫之策。

---

① 《综合消息：中国减贫事业历史性成就带给世界重要启示——多国人士高度评价〈人类减贫的中国实践〉白皮书》，新华社，http://www.gov.cn/xinwen/2021－04/07/content_5598079.htm。

中国统筹考虑城乡经济社会发展，在改革开放中城乡面貌焕然一新。党的十八大以来，党中央坚持把解决好"三农"问题作为全党工作的重中之重，把脱贫攻坚作为全面建成小康社会的标志性工程，组织推进人类历史上规模空前、力度最大、惠及人口最多的脱贫攻坚战，启动实施乡村振兴战略，推动农业农村取得历史性成就，发生历史性变革。

泰国国家研究院泰中战略研究中心主任苏拉西·塔纳唐认为，这一施政思路对其他发展中国家缩小社会贫富差距的工作有十分积极的借鉴意义。"这一做法能让农业部门获得更大的价值感。"苏拉西·塔纳唐说，贫困是需要人类社会共同面对的问题，消除贫困也是构建人类命运共同体需要解决的难题，中国的成功经验不仅让世界了解精准扶贫的重要性，看到摆脱贫困的希望，更提供了解决贫困问题的勇气和经验。

阿根廷中国问题专家、国家参议院顾问卢卡斯·瓜尔达表示，中国脱贫攻坚的重大胜利与重视"三农"工作密不可分。同时，中国采取一系列措施保障了粮食安全，改善了农村地区人口的生存条件。2020年中国克服了新冠肺炎疫情带来的不利影响，实现粮食丰收，这彰显了中国努力保障粮食安全的决心。

减贫是国际社会面临的共同课题。受疫情影响，2020年全球贫困人口出现多年来的首次增长。在这一新形势下，全球减贫事业挑战巨大。国际劳工组织总干事盖伊·赖德认为，中国成为全球脱贫榜样的重要法宝之一，就是中国明确地将消除贫困作为本国重要政策目标，更多国家应向中国学习。[①]

第四节　学术界对中国减贫事业的世界意义的研究

学术界对中国减贫事业的世界意义的研究则更为深入，并从多角度

---

① 《中国减贫经验增益全球包容增长》，中国政府网，http://www.gov.cn/xinwen/2021 - 02/24/content_5588547.htm，2021年4月6日。

进行了拓展性分析。张远新（2020）认为，中国贫困治理的世界意义在于它不仅引领了全球减贫事业的发展，为全球贫困治理贡献了中国智慧，推动了"消除贫困的人类命运共同体"的构建，而且极大地彰显了中国特色社会主义的优越性。张新平和成向东（2020）认为，减少贫困是世界难题，世界上最大的发展中国家摆脱贫困，对于中华民族乃至人类发展都是一项具有重大意义的历史伟业。党的十八大以来，在习近平总书记关于扶贫工作一系列重要论述的指引下，我国脱贫攻坚取得决定性成就，为全球贫困治理贡献了"中国减贫方案"，谱写了人类反贫困史上的辉煌篇章。"中国减贫方案"议题，正是从中国与世界良性互动的视角提出的具有"中国特色"的话语表达。新时代"中国减贫方案"是一个内涵丰富、逻辑严密的科学体系，开辟了21世纪马克思主义反贫困理论的新境界，彰显了社会主义制度优越性，展现了大国责任担当，推动了全球贫困治理体系变革，体现了共同构建人类命运共同体的历史逻辑。加强"中国减贫方案"的国际交流合作是进一步增强中国特色社会主义话语体系的题中应有之意。

张占斌（2020）认为，中国共产党把减贫作为国家治理的重要组成部分，以战略规划为引领，适时调整减贫模式，构建了高效的执行体系和完善的要素支撑体系，抓牢减贫重点领域补短板强弱项，贫困治理取得了巨大成功。中国减贫取得历史性成就，创造了丰富的精神财富，坚定了"不忘初心、牢记使命"的奋斗宗旨，体现了马克思主义政党人民至上的根本立场，彰显了中国共产党领导是中国发展最大的政治优势，证明了中国特色社会主义道路的正确性，彰显了幸福生活是奋斗出来的思想观念，淬炼了干部勇于担当的政治品格。中国减贫产生了巨大的世界影响，大大加快了全球减贫进程，为世界消除贫困提供强大信心，为全球政党治理贫困提供了国际典范，为世界减贫特别是发展中国家减贫提供了中国经验和理论借鉴。

贾甫（2021）认为，与严峻的全球反贫困形势形成鲜明对比，中国农村在过去四十多年的贫困率大幅度下降，7 亿农村贫困人口摆脱贫困，这为世界反贫困斗争做出了巨大贡献，也为其他国家反贫困斗争提供了有益经验。这些经验包括：第一，减贫是一项系统性工程，涉及整体经济及政治结构。其中，推进工业化和城市化，转移农业劳动力，促进城乡生产要素、产品、技术和信息等的双向流动，是推动农村家庭收入增长、减少贫困人口的首要动力。第二，针对贫困形成的临时性和持续性原因，政府和市场要双管齐下，发挥各自的比较优势，协力解决。其中，政府着力搭建制度，提供公共产品，解决临时性冲击造成的贫困问题；市场激活农村资源，使贫困人口依靠各自的比较优势而实现脱贫。第三，注重扶贫先扶智，重视农村人力资本投资，培育农村贫困家庭的内生动力，如为农村贫困人口提供专业养殖、特色农产品培植等技术培训，为贫困家庭孩子提供"三免一助"优惠政策等，让贫困家庭进入良性的"自我实现的预言"。

雷鸣和邹培（2020）认为，党的十八大以来，以习近平同志为核心的党中央把扶贫开发作为实现第一个百年奋斗目标的最艰巨任务，领导全国人民合力脱贫攻坚，创建了具有中国特色的蛛网式扶贫工作格局，取得了举世瞩目的脱贫成就，展现了我国治国理政的强大能力和非常智慧，为世界减贫事业树立了样板。精准扶贫取得的成就充分回答了马克思主义为什么能、中国共产党为什么行、社会主义为什么好的时代三问，用事实证明坚持马克思主义信仰，坚持走中国特色社会主义道路，坚持中国共产党的领导就能发展中国、富强中国。

燕继荣（2020）认为，由贫穷所直接导致或者衍生的一系列社会问题是当今世界最具挑战的问题。结构性贫困是困扰发展的国家问题，因此，贫困问题不仅应该被视为国家发展状况的衡量尺度，也应该成为国家治理的任务，反映国家治理的水平。中国扶贫成就突出，尤其是 2012 年之后在"大扶贫"格局之下开展了"脱贫攻坚战"，把贫困治理纳入国家治理的战略目标，实行政府专项治理的方式，动员党政机构、企业、军队、学校、社会组织与团体全员参与，采用精确识别、建档立卡、责任到人的方法，凭借国家制度体系的政治和行政优势，运用中央和地方政府财政储备，精准施策，对口支援，采用产业脱贫、搬迁脱贫、生态补偿脱贫、教育支持脱贫、社会保障兜底脱贫等多种手段，实现了农村贫困人口的大幅度减少。中国贫困治理丰富了"发展型国家"的内涵，为后发展国家走出"中等收入陷阱"提供了经验。

何海根和孙代尧（2020）认为，摆脱贫困和全面建成小康社会，是中国走向民族复兴的重大里程碑，为人类的贫困治理探索了新路。中国脱贫的历史进程包括以经济指标为衡量标准的收入脱贫，涵盖经济、政治、社会、文化、生态等方面的综合脱贫以及消除绝对贫困现象三个依序递进且互不否定的层次。新时代的脱贫攻坚突破了持续减贫的瓶颈束缚，坚持精准方略，落实共享发展理念，具有鲜明的特点。中国脱贫是对世界减贫事业的重大贡献，也为全球贫困治理贡献了中国经验。

安春英（2020）认为，消除贫困是当今世界面临的重大全球性挑战。发展中国家的减贫需要自身的持续努力和国际合作。中国的精准扶贫理论与实践丰富了全球减贫国际公共产品，为全球贫困治理贡献了中国智慧和中国力量，为推动国际减贫事业注入了新动能，提高了中国在全球贫困治理中的影响力、感召力和塑造力。构建没有贫困的人类命运共同体是中国开展国际减贫合作的目标。以新型南南合作为标识的中国与其他发展中国家的减贫合作，重塑着国际发展合作体系，促进了国际减贫方式的多样化，推动了全球减贫历史进程。

李小云和季岚岚（2020）认为，中国在过去40多年的改革开放中实现了经济的高速增长，经济社会转型的同时也取得了举世瞩目的减贫成就。从1981年到2015年，中国是全球贫困人口减少最多的国家，为世界减贫做出了巨大贡献。经济的高速增长与贫困人口的大规模减少构成了改革开放以来中国发展的核心叙事。通过回顾中国减贫的历史进程，梳理不同时期具有连续性特点的减贫机制，在收入分配格局、经济增长和减贫之间复杂关系中探讨中国贫困治理的经验。如何客观地、历史地呈现中国的减贫经验，不仅对总结中国经验十分重要，而且可以为其他发展中国家提供借鉴。

王灵桂和侯波（2020）认为，解决贫困问题，逐步实现共同富裕，是中国共产党的重要初心使命，也是坚持和发展中国特色社会主义的基本要求。中华人民共和国成立以来，我们党领导人民自力更生、艰苦奋斗，通过一系列制度改革和治理创新，使7亿贫困人口成功脱贫，被国际社会赞誉为世界减贫史上最伟大的成就。在纪念中华人民共和国成立70周年之际，系统梳理和及时总结中国特色社会主义扶贫开发道路的基本经验，对于我国在实现全面建成小康社会后继续解决相对贫困问题，以及为世界其他发展中国家提供可借鉴的方案具有重要意义。

谢岳（2020）认为，中国贫困治理特别是"精准脱贫"取得的巨大成就，为我们深刻理解"中国模式"并发展国家理论提供了重要的契机。中国的贫困治理模式成功地将执政党的政治领导力转换为一种现代化的国家治理能力，将贫困人口的个人福利上升到国家战略的高度，发挥了中央权威的理性化优势，激发了地方政府与社会协同治理的活力。中国特色社会主义制度的本质决定了中国贫困治理的政治逻辑：以福利分配为导向的贫困治理，是一种普遍的"人民福利"，而不是排他的少数人的特权；是一种基于"共同富裕"和"全面实现小康社会"的国家目标，而不是为赢得选举而安抚选民的功利手段；是一种旨在帮助贫困人口形成致富能力的发展意义上的分配制度，而不是"托底式"的功利性社会救济。中国的贫困治理用事实证明了社会主义制度在福利分配方面的政治优势，有力挑战了西方传统的福利国家理论。同时，为帮助发展中国家摆脱以西方为师的理论贫乏与制度枯竭的困境，提供了具有参考性的替代方案。

周文和郑继承（2020）认为，贫困是人类长期面临的社会现象，消除贫困一直是世界各国共同努力的方向。阿比吉特·班纳吉、埃丝特·迪弗洛和迈克尔·克雷默三位发展经济学家因为对减轻全球贫困的实验方法所做的突出贡献，被瑞典皇家科学院授予 2019 年度诺贝尔经济学奖。然而，三位发展经济学家贫困理论的随机试验对照中并没有为人类减贫事业做出巨大贡献的中国样本，这不仅反映出发展经济学贫困理论的片面性，也映射出我国经济学贫困理论在世界舞台的失语。立足于新时代以及世界百年未有之大变局，中国经济学理论正肩负着突围与重构的新时代历史使命。

部分学者则从习近平扶贫思想的世界意义的角度进行分析。邹广文和李坤（2020）认为，习近平的扶贫论述是对包括中国扶贫事业在内的人类减贫事业的深刻洞见，包含着丰富的领导智慧、高远的全球视野及博大的人类情怀，是中国扶贫经验的精髓所在。习近平的扶贫论述为中国开展扶贫工作提供了科学指南，引领和推动中国创造了世界减贫史上的奇迹，蕴含着丰富的理论与实践价值，为世界减贫事业发展提供了诸多有益借鉴和参考。

万长松和毕露（2021）认为，习近平关于"精准扶贫"的重要论述，是以"扶持谁、谁来扶、怎么扶、如何退"为逻辑思路，以"志智双扶"为根本要求，以转变扶贫模式为必由之路，这既是新形势下打赢脱贫攻坚战的思想指南，又是构建"没有贫困、共同发展的人类命运共同体"的基本方略。习近平关于精准扶贫重要论述为全球减贫事业，特别是为广大发展中国家解决贫困治理难题贡献了中国智慧，对世界范围内减贫工作的开展具有重要意义。

杨金海（2021）认为，习近平扶贫重要论述是习近平新时代中国特色社会主义思想的重要组成部分，体现着关于扶贫开发的一系列规律性认识，蕴含着一个科学严整的，具有鲜明 21 世纪时代特色和中国特色的扶贫理论体系，凝结着当代中国扶贫开发实践极其丰富的基本经验。这些富有规律性的扶贫理念、理论成果和基本经验极大地丰富和发展了马克思主义的反贫困理论，是中国特色社会主义扶贫理论的最新成果，是中国特色减贫道路的理论升华。习近平扶贫重要论述及其实践成果在中华民族发展史、世界社会主义发展史以及人类反贫困史上都具有重要的历史地位和深远的历史意义。

习近平关于贫困治理重要论述是对马克思主义反贫困思想的继承和发展，是对中国共产党百年反贫困实践的深刻总结，是新时代脱贫攻坚的理论指导。习近平关于贫困治理重要论述以改善民生、共同富裕作为出发点和落脚点，强调精准扶贫精准脱贫，重视激发贫困群体内生动力，构建社会大扶贫格局，具有鲜明的人民性、内源性、实效性与时代性。作为习近平新时代中国特色社会主义思想的重要组成部分，习近平关于贫困治理重要论述不仅指导了我国脱贫攻坚事业取得全面胜利，成为我国贫困治理和国家治理的科学指南，而且为世界反贫困实践贡献了中国智慧（刘晓玲，2020）。

成向东和张新平（2021）认为，党的十八大以来，在习近平总书记关于扶贫工作一系列重要论述的指引下，中国脱贫攻坚取得决定性成就，为全球贫困治理贡献了"中国减贫方案"，谱写了人类反贫困史上的辉煌篇章。新时代"中国减贫方案"所蕴含的基本经验是一个内涵丰富、逻辑严密的科学体系，彰显了社会主义制度优越性，展现了大国责任担当，推动了全球贫困治理体系变革，体现了共同构建人类命运共同体的历史逻辑。加强"中国减贫方案"的国际交流合作是进一步增强中国特色社会主义话语体系的应有之义。

总之，中国的发展离不开世界，世界的发展也离不开中国。中国始终将自身发展与人类发展紧密相连，始终做世界和平的建设者、全球发展的贡献者、国际秩序的维护者。繁荣发展的未来中国，是更加开放包容的中国，是与世界形成更加良性互动的中国，是为建设更加美好的世界做出更大贡献的中国。

参考文献

安春英．携手消除贫困共建人类命运共同体［J］.前线，2020（12）：43－46.

成向东，张新平．新时代"中国减贫方案"：基本经验、世界意义与国际化路径
　　［J］.社科纵横，2021，36（01）：21－28.

何海根，孙代尧．小康社会建设和贫困治理的中国经验［J］.马克思主义与现实，
　　2020（04）：25－32.

贾甫．中国农村脱贫奇迹、动力机制及世界意义［J］.农业经济，2021（01）：67－69.

雷明，邹培．精准扶贫的思想内涵、理论创新及价值贡献［J］.马克思主义与现实，
　　2020（04）：165－171＋204.

李小云，季岚岚．国际减贫视角下的中国扶贫——贫困治理的相关经验［J］.国外
　　社会科学，2020（06）：46－56.

刘晓玲．习近平关于贫困治理重要论述的内涵与价值［J］.马克思主义研究，2020
　　（12）：62－71.

万长松，毕露．习近平关于精准扶贫重要论述及其世界意义［J/OL］.北京航空航天
　　大学学报（社会科学版）：1－6［2021－05－02］. https://doi.org/10.13766/
　　j.bhsk.1008－2204.2020.0397.

王灵桂，侯波．新中国成立70年贫困治理的历史演进、经验总结和世界意义［J］.
　　开发性金融研究，2020（01）：3－9.

谢岳．中国贫困治理的政治逻辑——兼论对西方福利国家理论的超越［J］.中国社
　　会科学，2020（10）：4－25＋204.

燕继荣．反贫困与国家治理——中国"脱贫攻坚"的创新意义［J］.管理世界，
　　2020，36（04）：209－220.

杨金海．习近平扶贫重要论述的重大贡献及历史意义［J］.马克思主义理论学科研
　　究，2021，7（03）：16－25.

张新平，成向东．新时代"中国减贫方案"的世界意义［J］.甘肃社会科学，2020
　　（06）：71－78.

张远新．中国贫困治理的世界贡献及世界意义［J］.红旗文稿，2020（22）：25－27.

张占斌．中国减贫的历史性成就及其世界影响［J］.马克思主义研究，2020（12）：

5 – 14 + 163.

周文，郑继承. 减贫实践的中国贡献与经济学诺奖的迷误 [J]. 政治经济学评论，2020，11（04）：91 – 110.

邹广文，李坤. 习近平扶贫论述的全球价值 [J]. 马克思主义研究，2020（09）：54 – 61.

习近平向改革开放与中国扶贫国际论坛致贺信 [J]. 中华人民共和国国务院公报，2018（32）：5.

习近平. 在庆祝改革开放 40 周年大会上的讲话 [J]. 中华人民共和国国务院公报，2019（01）：6 – 15.

习近平. 在解决"两不愁三保障"突出问题座谈会上的讲话 [J]. 奋斗，2019（16）：4 – 11.

习近平. 在决战决胜脱贫攻坚座谈会上的讲话 [M]. 人民出版社，2020：6.

习近平. 在打好精准脱贫攻坚战座谈会上的讲话 [M]. 人民出版社，2020：14 – 15.

中华人民共和国国务院新闻办公室. 人类减贫的中国实践 [N]. 人民日报，2021 – 04 – 07（009）.

中共中央国务院. 关于实现巩固拓展脱贫攻坚成果同乡村振兴有效衔接的意见 [N]. 人民日报，2021 – 03 – 23（001）.

附录一
中国贫困治理的经典案例

中华人民共和国成立以来，我们党带领全国人民持续向贫困宣战，从救济式扶贫、开发式扶贫再到精准扶贫，走出了一条中国特色扶贫开发道路。本附录简要概括了闽宁镇、十八洞村、兰考县、独龙江乡、井冈山市、纯阳山村的脱贫历程，为大家了解中国的减贫实践提供参考。

第一节　东西协作的闽宁方案

闽宁镇位于中国宁夏回族自治区银川市永宁县，是宁夏"八七"扶贫移民吊庄的重点工程及中南部地区生态移民的重要安置区，也是福建和宁夏对口协作的重点项目和示范工程。闽宁镇的脱贫发展是中国政府通过易地搬迁、东西协作和产业帮扶解决西海固地区群众贫困问题的典型案例，是我国多年来持续进行贫困治理，推动共同富裕的一个缩影。

位于中国宁夏回族自治区南部黄土丘陵干旱区的西海固，是西吉、海原、固原、彭阳、同心等七个国家级贫困县的统称。这里山大沟深、植被匮乏、干旱少雨，自然条件恶劣，1972年曾被联合国粮食开发署确定为"最不适宜人类生存的地区之一"。该地区自古"苦瘠甲于天下"，多年来一直是我国的极度贫困地区。1984年，中共中央、国务院联合发布《关于帮助贫困地区尽快改变面貌的通知》，将增强地区内部发展作为我国扶贫工作的重点；1986 年，国务院贫困地区经济开发领导小组成立，对全国扶贫工作进行统一领导和组织。1987 年国务院《关于加强贫困地区经济开发工作的通知》针对我国 18 个集中连片贫困带划定了包括西海固地区在内的 331 个国家重点贫困县。在此背景下，西海固地区的脱贫工作逐步展开。

从 20 世纪 80 年代初开始，宁夏开启了"吊庄移民"工程，发动群众从西海固地区有序迁移到有水、有路的灌溉区。1990 年，已在银川近郊永宁县搬迁移民 1000 多户，并建立了玉泉营、玉海经济开发区，这是闽宁镇的前身。1994 年，国务院决定实施《国家八七扶贫攻坚计划》，提出力争在 20 世纪最后 7 年内基本解决全国 8000 万贫困人口温饱问题的任务。1996 年 9 月，党中央决定实施东西对口扶贫协作，沿海发达地区帮扶西部落后地区的东西协作脱贫工作就此开始。福建与宁夏建立了结对帮扶关系，成立了福建对口帮扶宁夏工作领导小组，时任福建省委副书记的习近平担任组长。1997 年 4 月，习近平率队进入宁夏南部山区考察，闽宁两省区负责同志共同商定在玉泉营建设一个移民示范区，组织实施闽宁对口扶贫协作。1997 年 7 月，这里被命名为"闽宁村"。2001 年 12 月，经宁夏回族自治区人民政府批准，在闽宁村基础上成立了闽宁镇，后又将玉海经济技术开发区并入发展。此后，这里陆续接纳了来自西海固 6 个国家级贫困县的 6.6 万余位移民。

在闽宁两省区政府共同努力、社会力量带动及群众积极参与下，闽宁镇经济社会发展不断跨上新台阶。多年来，累计脱贫退出建档立卡贫困户 1633 户 7046 人，6 个行政村全部脱贫。农民年人均可支配收入由 500 元跃升到 2020 年的 1.5 万元，村集体经济收入超过 600 万元。[①] 党的十八大以来，随着一批水电路基础设施和土地开发整理项目建成投用，

---

① 《闽宁镇：风云脱贫路 山海定乾坤》，海峡网，http://dzb.hxnews.com/life/news/2021/0302/12633.html，2021 年 3 月 2 日。

闽宁镇形成了"特色种植、特色养殖、光伏产业、旅游产业、劳务产业"的五大主导产业格局。① 闽宁镇真正由昔日飞沙走石的"干沙滩"变成了今天农林万亩的"金沙滩"。

闽宁镇的发展得益于东西对口帮扶下福建省对宁夏脱贫的大力支持。经济发达地区在资金、技术、教育、医疗及产业发展等方面的大力支持，一方面直接推动了贫困地区的经济转型，促进了当地人口的就业优化和收入增长，另一方面也极大改善了当地的发展条件，对于缓解多维贫困、阻断贫困的代际传递发挥了重要的作用。1997 年以来，福建 5 个地级市所辖的 30 多个县（市、区）先后与宁夏 9 个贫困县（区）结成帮扶对子，两省区 101 个乡镇、110 个村也建立了结对帮扶关系；② 建立了县镇村三级结对、互帮互助、共同发展的"3 + 1"对口合作新模式，推动了两地人员培训交流、项目合作等。截至 2019 年底，福建省先后选派 11 批 183 名援宁挂职干部，派遣科技、教育、医疗等专业技术人员 2000 多名，累计投入帮扶资金 33.69 亿元，支持建设闽宁镇和 110 个闽宁示范村，近 60 万贫困群众从中受益。③ 近年来，福建对闽宁的帮扶逐步扩展到人员培训、教育提升、民生改善等方面，进一步优化了闽宁镇的发展基础。

闽宁镇的发展汇聚了各方力量支持，从开发建设帮扶和菌草种植起步，把沿海的市场、技术、资金优势，与当地资源、劳动力和政策优势相结合，通过产业接力，阻断了代际贫困，推动了现代化发展。在技术指导、产业扶贫思路下形成的高水平起步、市场化运作、全方位推进的"造血"建设模式，培植并强化了闽宁镇发展的内生动力。在福建菌草

---

① 《一起来看看我们的脱贫攻坚成绩单》，搜狐网，https://www.sohu.com/a/417239022_479408，2020 年 9 月 8 日。

② 《躬身为桥 连接山海——闽宁协作福建援宁工作队群像》，国家乡村振兴局网站，http://www.cpad.gov.cn/art/2020/5/11/art_42_121530.html，2020 年 5 月 11 日。

③ 《闽宁镇：风云脱贫路 山海定乾坤》，海峡网，http://dzb.hxnews.com/life/news/2021/0302/12633.html，2021 年 3 月 2 日。

技术专家林占熺教授带队指导下，闽宁镇先是积极推动当地农民发展菌菇种植的庭院经济，并积极组织农民开拓市场，开启了闽宁镇产业发展之路；又积极与闽商合作，进一步发展了葡萄栽培、设施园艺、肉牛养殖等特色农业。社会力量的调动和科技资源的注入推进了闽宁镇产业的发展。

早在 1997 年，当时作为福建对口帮扶宁夏工作领导小组组长的习近平就鼓励闽商把福建的先进理念和好项目带到宁夏，动员社会力量积极参与帮扶。目前，当地制造业、养殖业、手工业的代表性企业，大多由闽商创办，成为推动宁夏农业产业化、工业现代化的重要力量。闽商在宁夏的创新创业，推动了当地人口的稳定就业、劳动脱贫，为当地注入了现代科技，积极利用了当地的资源优势实现了经济利益，真正形成了"优势互补"，也一定程度上带动了当地群众思想的转变和创业的实践。从科技资源注入方面来看，近年来，闽宁镇获得银川市支持的科技资金约 690 万元，涉及蛋鸡饲料生产、葡萄新品种栽培、肉牛养殖等 6 个项目，其中 3 个为科技特派员创业项目。截至 2020 年，闽宁镇基本形成以酿酒葡萄种植、设施园艺、肉牛养殖为主的产业格局，特色农产品消费扶贫额达 6.8 亿元。①

闽宁镇的发展得益于闽宁两地对协作扶贫的持续推进及协作扶贫的系统思维。在"优势互补、互惠互利、长期协作、共同发展"的工作原则下，闽宁两地持续召开多次对口扶贫协作联席会议，根据实践进展和发展需要，不断推进两地协作扶贫开发工作，构建了联席会议、共同决策的协作机制，并在此基础上建立了省—市—村三级对口扶贫协作的组织保障。

在 2020 年 9 月召开的闽宁互学互助对口扶贫协作第二十四次联席会

---

① 《干沙滩变金沙滩！〈山海情〉取景地闽宁镇今如何?》，澎湃网，https://m.thepaper.cn/baijiahao_11414746，2021 年 2 月 22 日。

议上，福建省强调要进一步深化产业帮扶、就业帮扶、消费帮扶、人才帮扶，以产业兴城，以产业聚人，共同推动闽宁镇产城人融合，拓展广度深度，编制好闽宁协作"十四五"规划，推动脱贫攻坚与乡村振兴相衔接；宁夏回族自治区提出进一步拓展合作领域，扩大合作空间、丰富合作内容、优化合作方式，进一步创新合作机制，发挥企业市场主体作用，走出市场化、社会化、多元化的合作发展路子，进一步搭建合作平台，用好各类平台，推动新时代闽宁对口扶贫协作实现更高水平发展。①这为实现闽宁镇脱贫攻坚与乡村振兴的有机衔接，推动其实现高质量发展提供了新的工作思路和工作布局。

从政府推动到市场接棒，从单项帮扶到互惠共赢，从经济民生到科教文卫，闽宁协作造就了协作的广度，也重新阐释了东西协作的内涵。高质量发展背景下的闽宁协作，必将进一步推动闽宁镇的现代化进程。

从闽宁镇的发展历史和实践进展可以看出，以闽宁长期协作为代表的东西扶贫协作，既是通过"先富"带动"后富"，发达地区带动落后地区，共同推动实现共同富裕的有效途径，也是党对贫困治理工作统一领导、系统谋划的具体体现。易地搬迁、产业扶贫、多维阻贫，既激发了贫困地区发展的内在动力，也很好地处理了经济发展和生态保护的关系。闽宁镇的发展，是中国共产党持续进行贫困治理的一个缩影，也一定程度上代表着我国贫困治理的方向。

第二节 精准扶贫的湘西模式

位于湖南省花垣县的十八洞村，是湘西大山深处的一个偏僻苗寨，苗族人口占比超过全村人口的99%，仅有极少数汉族和土家族。该村地

---

① 《闽宁互学互助对口扶贫协作第二十四次联席会议在银川召开》，宁夏日报官方账号，https://baijiahao.baidu.com/s? id＝1676974509583505129&wfr＝spider&for＝pc，2020年9月5日。

处武陵山脉腹地，生态环境优美、自然景观独特，苗族文化保存完好，具有丰富的自然和人文旅游资源。但受区域整体性贫困、区域内部发展不均衡以及十八洞村自身山多地少、信息闭塞、村民文化程度低、观念意识落后等因素影响，十八洞村的基础设施和产业发展十分落后，长期处于深度贫困状态。① 人均耕地不足一亩，村级集体经济几近空白。2013 年，十八洞村人均纯收入仅 1668 元，为当年全国农民人均纯收入的 18.75%。全村 225 户 939 人中，有贫困户 136 户 542 人。② 泥泞的土路、低矮的泥巴墙以及因青壮年劳动力外出务工造成的村庄"空心化"状态，无不提醒着人们，直到 2013 年，十八洞村依然是一个极其贫困落后的村庄。

随着习近平总书记前来考察调研，十八洞村的发展有了转机。2013 年 11 月 3 日，习近平总书记到十八洞村考察调研，正是在这里，做出了"实事求是、因地制宜、分类指导、精准扶贫"重要指示，中国的扶贫思路和扶贫布局开始转变，十八洞村也成为我国精准扶贫战略的首倡地。在精准扶贫战略下，十八洞村选了一个好班子，走了一条好路子，建成了一个美村子，村庄面貌焕然一新。2018 年，十八洞村人均纯收入超过 12000 元，130 户 512 名建档立卡贫困人口实现稳定脱贫，成为全国践行"精准扶贫"理念，脱真贫、真脱贫的一个范例。

十八洞村的发展首先得益于党领导下的工作布局和组织保障。2014 年 1 月，花垣县委抽调 5 名党员干部组成了十八洞精准扶贫工作队，同时选派干部任村党支部第一书记。在村委会换届选举中，把讲政治、有文化、"双带"能力强、群众信任的能人选进班子，并创新增设建制专干和主干助理，通过竞争上岗，3 名产业带头人成为村主要干部，9 名能

---

① 中国减贫研究数据库，http://gfciac324c39a46f54689sv6vob9v06cvu66ob.gfib.libproxy.ruc.edu.cn/skwx_jp/Datadetail.aspx? ID=930041&isBranchLogin=true。

② 《选个好班子，走出好路子，建成美村子，十八洞这样脱贫!》，华声在线，http://hunan.voc.com.cn/article/201702/201702220943527902001.html，2017 年 2 月 22 日。

人当上村干部助理，建立了一个能够带领群众脱贫的好班子，并采取"支部＋合作社＋农户"模式，通过党员带头、先行先试、群众参与的方式发展脱贫产业，充分发挥了党的基层组织在精准扶贫中的引领作用。在精准扶贫思路下，扶贫工作队和村支两委制定了《十八洞村精准扶贫贫困户识别工作做法》，按照"户主申请、投票识别、三级会审、公告公示、乡镇审核、县级审批、入户登记"七道程序，实行全程民主评议与监督，确保识别公开、公平、公正，找准了贫困户。又通过走访调查、外出考察、征求意见等方式，结合十八洞村的实际状况，确定了以种植、养殖、苗绣、劳务、乡村游五大产业为主的脱贫思路。同时，针对村内耕地面积少难以发展产业的实际，勇于探索、大胆实践，"跳出十八洞村建设十八洞产业"，在县国家农业科技示范园里流转土地 1000 亩，进行猕猴桃产业建设，创新了扶贫机制模式。①

十八洞村的脱贫也离不开群众的积极参与。针对扶贫工作中村民的"等靠要"思想和对扶贫规划、产业发展等工作热情不高的状况，扶贫工作队精准识别出贫困户进行建档立卡，并采取直接帮扶、委托帮扶、股份合作等多种形式，逐户制定脱贫措施。同时以村民评议为抓手，引导村民出工出力，陆续完成通路、通水、通电和改厕任务，改变了村容村貌，也改变了村民的思想观念，许多村民成为产业发展、产业兴村的骨干力量。②

从村庄发展实际出发，选择相对优势产业，进行产业精准定位，是十八洞村形成持续发展动力的关键。在扶贫工作队带领下，十八洞村基本搭建了种植业、养殖业、手艺加工业、乡村旅游业和劳务经济五大产业框架。以猕猴桃、烤烟、蔬菜等为主的种植业，以湘西黄牛、生猪、

---

① 《选个好班子，走出好路子，建成美村子，十八洞这样脱贫！》，华声在线，http://hunan. voc. com. cn/article/201702/201702220943527902001. html，2017 年 2 月 22 日

② 《精准扶贫的十八洞村经验》，华声在线，http://opinion. voc. com. cn/article/201602/20160218 0905041865. html，2016 年 2 月 18 日。

山羊为主的养殖业，以苗绣为主的手工艺加工业，以农家乐、红色旅游为主的乡村旅游业，以劳务输出为主的劳务产业等"五大产业"，成为村民增收致富的重要支撑。[①]

从乡村旅游业来看，十八洞村具有苗族风情浓郁、苗族原生态文化保存完好、苗族民居特色鲜明的优势，有苗绣、蜡染、花带、古花蚕丝织布等文化产品及十八洞腊肉、酸鱼、酸肉、野菜、苞谷烧等多种特色食品，具有发展乡村旅游业的独特优势。近年来，十八洞村依托十八洞苗寨文化传媒公司，并引入首旅集团华龙公司、北京消费宝公司等，斥资打造以十八洞村为核心的旅游景区。可以想见，十八洞村未来的发展一定会更好。

第三节　产业脱贫的兰考路径

兰考县地处豫东平原西部，西邻开封，东连商丘，北临菏泽，总面积 1116 平方千米，全县 450 个行政村（社区）、总人口 85 万，耕地面积 105 万亩。2014 年 1 月 1 日，兰考县从开封市行政区划中划出，由河南省政府直接管辖。脱贫摘帽之前，兰考县曾是国家级扶贫开发工作重点县、大别山连片特困地区重点县。

兰考历史上风沙、内涝、盐碱灾害严重，老百姓生活十分贫苦。1962 年，灾害严重，全县 36 万人中有 10 万人外出逃荒。焦裕禄来任县委书记后，用一年多的时间走遍兰考 120 多个村庄，不顾身患疾病，带领群众翻淤泥、种泡桐，治理风沙，同严重的自然灾害做斗争，一直战斗到生命最后一息。多年来，焦裕禄精神激励着无数共产党人，为了人民的生存发展不断奋斗，创造了世界减贫史上的中国奇迹。2009 年至 2014 年，习近平总书记 5 年内 3 次到兰考视察指导，并把兰考作为他在

---

① 《精准扶贫的十八洞村经验》，华声在线，http://opinion. voc. com. cn/article/201602/2016021 80905041865. html，2016 年 2 月 18 日。

群众路线教育实践活动中的联系点。

精准扶贫战略提出以后，兰考统筹强县与富民、改革与发展，开启了脱贫攻坚历程。2014年建档立卡时，全县有贫困村115个，贫困人口23275户、77350人，贫困发生率是10.6%。2014年以来，兰考脱贫工作大力推进。县委县政府制订了2014～2016年扶贫攻坚规划，每年投入5000万元扶贫资金，并通过加强宣传，不断发动群众；形成了"五轮驱动、五级联动，打造一个平台，锻炼一支队伍"的扶贫攻坚思路。① 同时，在国家脱贫攻坚顶层设计下，兰考的发展也受到了外部的大力帮扶。从人才支持上，国家和省直机关派出3位处级干部在兰考挂职任副县长，15个省直部门派出得力干部到兰考挂职对口帮扶；在资金支持上，中国证监会定点帮扶兰考，帮助兰考引进了4家上市公司，陆续投资数十亿元，推动了当地的产业发展。

在脱贫攻坚中，政府坚持"输血"与"造血"并重，统筹谋划脱贫攻坚与经济社会发展，强调规划引领与政策支持，创新工作机制，并通过推动龙头企业带动和金融支持，因地制宜着力发展扶贫产业，不断提升了贫困群众自我发展能力。在合理规划产业发展的同时，充分发挥市场作用，引导生产要素重新配置，促进兰考经济向专业化、市场化和产业化转变。通过引导帮助困难群众直接参与扶贫活动、尊重贫困群众经营自主权，克服"等靠要"思想，调动了贫困群众的积极性、主动性和创造性，使其通过就业、现代农业经营等提高了收入水平，成为反贫困的主体力量。此外，为了提升贫困群众的主体能力，兰考还大力推动了职业技术教育发展，建设了年培训能力1万人的高级技工学校，有针对性地开展各类短期培训，确保每个贫困户劳动力掌握1～2门实用技术；

---

① 五轮驱动，就是政府推动、市场拉动、农户主动、科技带动、金融撬动；五级联动，就是县扶贫领导小组、县直部门、乡镇领导班子、驻村工作队和贫困农户互联互动；一个平台，就是成立县扶贫开发协会，为凝聚社会扶贫力量打造实实在在的平台；锻炼一支队伍，就是通过县领导包乡、县直部门包村、工作队驻村、党员干部包贫困户，层层落实帮扶责任，锻炼党员干部队伍。

选择性地举办一些易学会、好操作、投资小、见效快的项目培训，为农村经济发展培养更多科技带头人，增强了贫困群众自我发展能力。

产业扶贫是兰考摆脱贫困的主要路径。政府在产业扶贫开发中发挥了主导作用，同时强化了市场拉动、农户主动、科技带动、金融撬动的功能，通过有针对性的产业引导和各方力量的互动，形成了大扶贫开发格局，提升了当地社会经济可持续发展的内生动力。

产业扶贫侧重从比较优势出发，选择合适的产业定位并积极引导发展。一是利用当地的泡桐资源，充分利用其制作乐器、制造家具的优势，发展相关产业。各级党组织着力帮助村民引资、引智、引企，帮助村民建工厂、开作坊，形成了乐器制作的产业链，并通过电商配送到全国各地。这形成了当地产业发展的持续内生动力，也带动了周边群众的就业。兰考徐杨村是利用当地泡桐资源脱贫致富的典型代表。[①] 二是利用村庄优势发展乡村旅游。如兰考东坝头乡张庄村，2015 年开始，利用其作为九曲黄河在豫东平原最后一弯上的传统村庄的地理优势，在旅游项目带动下，采取农民自建、自主经营的方式通过新建、改造农家院从事农家乐，实现了农民家门口就业、家门口致富。[②] 三是发展现代农业产业。引进晓鸣禽业股份有限公司、格林美等现代企业，培育发展肉鸭产业、蛋鸡鸡苗孵化、蛋鸡饲养项目等；引导土地流转，推动农业产业化经营。通过辐射带动群众发展种养业以及吸收劳动力就业，为脱贫致富打下了基础。为了推动现代农业发展，当地政府十分重视农业科技推广和技能培训，通过举办农业实用技术讲座，建立科技示范点、示范户等形式，培养农技人才，促进农业品种改良、新品种开发、先进技术推广应用和现代农业发展。另外，还启动了光伏发电项目，通过补偿村民土地流转

---

① 中国减贫数据库，http://gfciac324c39a46f54689sof9fb6oo90xv6vun.gfib.libproxy.ruc.edu.cn/zgjpsjk/jpda/592/hn/lk/jpcj/631684.html。
② 中国减贫数据库，http://gfciac324c39a46f54689sof9fb6oo90xv6vun.gfib.libproxy.ruc.edu.cn/zgjpsjk/jpda/592/hn/lk/jpcj/631685.html。

金、支付地面附属物清理赔偿金、安置就业、租用村民设备、劳务承包等方式，实现了农光互补，带动了群众致富。①

为了推动产业扶贫，兰考创新了包括驻村、资金和信息三个方面的工作机制建设。在驻村工作方面，充实调整驻村工作队，抽调 345 名工作队员深入全县 115 个贫困村，开展了实实在在的扶贫工作。在扶贫资金使用方面，建立了"村决策、乡统筹、县监督"的扶贫资金运行机制，村级组织实施项目"先议后动、全程透明、群众监督"。另外，开通《兰考扶贫手机报》，在县政府网站开设《扶贫开发》专栏，在《兰考手机报》上开设《扶贫攻坚》专栏等，营造浓厚的扶贫攻坚氛围，调动了各方主体的积极性。

为了解决产业扶贫中企业和贫困农户资金不足的问题，兰考创新了金融扶贫机制，将财政资金和金融资金有机结合起来，政府拿出专项资金为农户增信，拿出扶贫贴息资金为贫困农户贷款补贴利息，调动了贫困户和金融机构的双重积极性。同时，引导金融机构完善、改进金融服务，解决了贫困农户"贷款难""贷款贵"的难题。另外，兰考还积极争取外部支持，与河南省建设银行、中国银行、邮政储蓄银行等签了合作协议，得到国家开发银行 12 亿元的长期发展资金支持，以及其他银行的帮扶支持。并在财政厅支持下，与河南省农业综合开发公司签署战略合作协议，共同设立约 5 亿元的投融资平台，支持特色农业、循环农业、生态农业、休闲农业、智能农业等业态的发展。这既扩大了财政效应，也促进了资金融通，为产业发展提供了重要的基础。②

2017 年 3 月，兰考成为中国首批脱贫摘帽的国家级贫困县。当前，兰考县已经是全国农业生态示范县、全国科技进步先进县。

---

① 中国减贫数据库，http://gfciac324c39a46f54689sof9fb6oo90xv6vun. gfib. libproxy. ruc. edu. cn/zgjpsjk/jpda/592/hn/lk/pkzl/331587. html。

② 中国减贫数据库，http://gfciac324c39a46f54689sof9fb6oo90xv6vun. gfib. libproxy. ruc. edu. cn/zgjpsjk/jpda/592/hn/lk/pkzl/331603. html。

第四节　整族脱贫的独龙江模式

共同富裕是社会主义的本质要求。作为拥有 56 个民族的多民族国家，少数民族的发展一直是我国推动共同发展的重要关切。"全面小康一个民族也不能少"，2015 年 1 月，习近平总书记在云南考察时强调，"中国共产党关心各民族的发展建设，全国各族人民要共同努力、共同奋斗，共同奔向全面小康"。独龙族的整族脱贫是我国推动少数民族地区经济社会不断发展的一个缩影，其脱贫路径被称之为"独龙江模式"，是了解中国少数民族地区贫困治理具体方案的一个典型。

独龙族是我国人口较少的少数民族之一，全族人口约 7000 余人，主要聚居在云南省怒江傈僳族自治州贡山独龙族怒族自治县大约 1994 平方公里的独龙江乡。这里自古地处偏僻，交通闭塞，崇山峻岭隔绝了与外部的社会交往，社会发展程度较低；长期以来，生产力水平低下，仍保留着原始或传统的农业生产方式，处于自给自足的封闭状态，直至中华人民共和国成立前后仍保留着原始公社制残余。中华人民共和国成立以后，在党和国家扶持下，通过免费发放生产资料、组织群众开垦水田和开展互助合作，极大提高了当时的生产力水平，独龙江乡由刀耕火种到传统犁耕转变，由原始社会下的家庭公社直接过渡到社会主义集体经济，实现了从原始社会向社会主义社会的直接过渡。同时，通过修筑驿道、修建公路等，独龙族逐渐由封闭自足的隔绝状态走向与外部联结日益加强的开放状态。改革开放以后，在区域优惠政策下，通过技能培训、推广良种及现代农业开发项目、持续推进交通扶贫等，独龙族的生产生活条件较 20 世纪五六十年代有了进一步改善。[①] 但由于农业生产环境恶劣、

---

① 杨艳：《独龙族经济社会发展的当代经验与脱贫攻坚实践——基于独龙江乡民族帮扶工作的文献与田野调查》，《中央民族大学学报》（哲学社会科学版）2020 年第 4 期。

生态脆弱、地处偏僻、灾祸频发、人口文化素质低、畏难情绪与依赖思想及开发力度不够等因素的交互作用，落后的生产方式、思维方式、生活方式仍影响当地的发展①，独龙江乡经济社会发展仍然相对滞后。

2001 年后，国家扶贫开发工作进一步推进，对于民族地区扶贫攻坚的重点进一步明确，在国家八七扶贫开发纲要的基础上，又颁布了《中国农村扶贫开发纲要（2001—2010 年）》。中共云南省委、云南省人民政府联合上海市对口帮扶，在该乡展开了"十二五"时期的"整乡推进整族帮扶"计划，实施了基础设施工程、安居温饱工程、社会事业发展工程、产业发展工程、素质提高工程、生态环境保护和建设工程等，从经济增长转向经济社会全面发展，在本土知识结构中注入了现代经济知识，但扶贫工作仍以外源式为主，发展内在动力仍有不足。②

党的十八大以来，以习近平同志为核心的党中央围绕脱贫攻坚做出一系列重大部署和安排，独龙江乡也进入精准扶贫、整族脱贫与实施乡村振兴的新时期。"十二五"整体式扶贫结束后，独龙江乡围绕精准扶贫精准脱贫的目标要求，州、县政府连续编制了《贡山县独龙江乡整乡推进独龙族整族帮扶后续发展规划（2015—2020 年）》《贡山县独龙江乡柴改电建设项目实施方案》等，启动实施了独龙江乡整乡推进独龙族整族帮扶工程以及独龙江乡"率先脱贫全面小康"提升行动。从建档立卡确保扶贫对象精准，突出特色产业力求项目安排精准，确保脱贫措施精准到户，强化脱贫资金整合，打造整体合力及强化责任落实六个方面展开了精准扶贫工作。基层政府通过调动企事业单位积极性、优惠种植政策及推行生态补偿机制等，起到了主导作用。③

独龙族的脱贫首先得益于交通条件和基础设施的改善。跨江大桥、

---

① 张惠君. 怒江傈僳族、怒族、独龙族贫困问题研究 [J]. 云南社会科学，1997（03）：44 – 49.
② 杨艳. 独龙族经济社会发展的当代经验与脱贫攻坚实践——基于独龙江乡民族帮扶工作的文献与田野调查 [J]. 中央民族大学学报（哲学社会科学版），2020，47（04）：59 – 71.
③ 杨艳. 独龙族经济社会发展的当代经验与脱贫攻坚实践——基于独龙江乡民族帮扶工作的文献与田野调查 [J]. 中央民族大学学报（哲学社会科学版），2020，47（04）：59 – 71.

生产便桥、边防公路和村组公路的建设，形成了基本的交通网络，结束了半年大雪封山的历史，也结束了外部物资进不了独龙江乡的历史。其次在于因地制宜精准选择特色产业作为支柱产业。当地政府结合当地自然条件，创造了林、农、牧、游"复合"特色经营模式，形成了以草果种植为主，以重楼等中药材种植、独龙牛和独龙蜂等养殖为辅的特色农业产业体系；推进乡村产业、人才、文化、生态、组织"五个振兴"，建设产业美、民居美、环境美、乡风美、生活美的"五美乡村"，初步形成生态观光、民族文化体验、生物多样性研学等旅游融合发展道路。独龙族的脱贫还在于精准推进民生工程，积极提升群众主体能力，改善了人们的生存和发展条件，激发了发展的内在动力。在人居环境改善上，推动易地搬迁，兴建独具民族特色的独龙新寨，实现了人们生活条件的改善。在教育医疗卫生方面，注重教育基础设施建设和教育扶贫工作，全族人均受教育年限不断提高。医疗卫生条件明显改善，基层医疗卫生保障能力大幅提升。全面落实医疗保障政策，严格实施社会兜底政策。同时，结合产业发展，当地政府开展了工程施工、种植养殖、旅游服务、木雕工艺、机动车驾驶、电子商务、酒店管理、乡村导游等技能知识培训，鼓励独龙族人外出就业、自主创业。另外，独龙江乡还推动退耕还林、以电代柴，科学组织和安排生产生活，坚持走"在保护中发展、在发展中保护"的绿色可持续发展之路，推动了经济社会和生态文明的共同发展。①

2018 年，独龙族实现整族脱贫。当前，独龙江全乡安居住房、基础设施、特色产业、社会事业、生态环保及基层党建发生了巨大变化。全乡 1000 余户群众全部住进了新房，草果、重楼、独龙蜂、独龙牛、独龙鸡等特色种植养殖产业遍地开花，4G 网络、广播电视信号覆盖到全乡，

---

① 何祖坤，侯胜，韩博，平金良，王成熙. 人类减贫事业的"独龙江样本"[J].云南社会科学，2020（06）：9 – 14.

6 个村委会全部通柏油路，大病保险全覆盖，孩子们享受从学前班到高中的十四年免费教育，独龙族小学生入学率、巩固率和升学率均保持 100%。[1]

第五节　井冈山革命老区的脱贫之路

井冈山位于江西省西南部，地处湘赣两省交界的罗霄山脉中段，是"中国革命的摇篮"。1927 年 10 月，毛泽东等率领工农革命军来到井冈山，在这里创建了中国第一个农村革命根据地，开辟了"农村包围城市，武装夺取政权"的新民主主义革命道路。1950 年以来，经历了井冈山特别区——省辖井冈山管理局——井冈山县——井冈山市的行政区划变化，井冈山全市现辖 21 个乡镇场和街道办事处，总人口 14.97 万人，总面积 1297.5 平方公里。20 世纪 50 年代末，井冈山仍是不通公路、不通邮、不通电、人口少、经济发展落后的小山村。1957 年以后，通过垦殖山场、兴建公路、建设电站、创办工业等，井冈山开始推动了开发建设；十一届三中全会以后，井冈山市依托旅游资源和区位优势制定了"旅游兴市"的发展战略，同时推动了工业企业和现代农业的发展，人民生活水平得到大幅提高。[2]

但受到山区交通不便、居民居住分散、红色文化产业链不够全面、居民收入来源单一、整体受教育水平低及精神文明建设不足等因素的影响，井冈山红色文化资源利用率低、基础设施不能匹配群众需求、农村劳动力流失及相关政策落实不到位，[3] 井冈山的整体发展水平仍相对

---

[1] 《"更好的日子还在后头"——云南贡山独龙族整族脱贫纪实》，云南文明网，http://yn. wenming. cn/gzdt/zhoushifengcai/nj/201904/t20190415_5076938. shtml，2019 年 4 月 15 日。

[2] 《井冈山基本情况》，江西文明网，https://www.jxwmw. cn/zhuantipind/system/2007/11/08/010011889. shtml，2007 年 11 月 8 日。

[3] 邓安娜，魏依琳，马晓璇，赵子瑞，张凯童. 红色文化实践助力革命老区乡村脱贫振兴——以井冈山为例 [J]. 农村实用技术，2020（12）：112 - 113.

低下。

2014年精准扶贫精准脱贫战略实施以来，为了打赢脱贫攻坚战，井冈山的贫困治理进入快车道，走出了一条"红色引领、绿色崛起，产业为根、立志为本"的富有井冈山特色的脱贫道路。通过精准掌握贫困人口、精准实施脱贫举措等，帮扶工作做到"精准滴灌"；通过产业扶持、保障兜底，激发了当地群众发展经济的内在动力，也保障了贫困人口的基本生存发展条件。同时，以"乡有扶贫团，村有帮扶队，户有责任人"为标准，全市3000多名党员干部奋战在脱贫攻坚一线，与群众同吃、同住、同走脱贫路，扶贫、扶技、扶智，帮助群众克服"等靠要"思想，提升自身主体能力。2016年，井冈山贫困人口由2014年初的4638户16934人减少到539户1417人，贫困户人均纯收入由2013年的2600元增长到4500元以上，贫困村由2015年的35个减少到6个，退出率达83%。贫困发生率由13.8%降至1.6%，低于2%的贫困县退出标准。2017年2月26日，井冈山在全国率先脱贫"摘帽"。①

近年来，井冈山结合自身实际，实施了多元产业融合发展，进一步推动了经济社会发展。一是将红色资源和绿色资源相结合，推动红色旅游带动乡村旅游。通过打造特色旅游小镇，挖掘红色旅游资源，创新红色培训模式，带动群众参与红色培训服务，实现红色培训与农民增收的"双赢"；同时，充分发挥生态自然资源优势，鼓励群众开办农家乐，开展民宿体验、农庄经营，开发农事体验、户外休闲、观光农业等乡村旅游项目，开创了新的业态，增加了农民的可持续收入。另外，还通过"协会＋农户"的方式，引导群众联营互动；并通过结对帮扶，将群众与宾馆饭店"连起来"，通过电商互动，把农副产品在网上销售"快起来"。二是通过促进就业、创业，提高群众收入。通过开展招聘服务活

---

① 中国减贫数据库，http://gfciac324c39a46f54689sfq6p9ccc6knb6vfp.gfib.libproxy.ruc.edu.cn/zgjpsjk/jpjxs/364140.html。

动，并以落实扶贫车间运行费补贴等鼓励企业设立扶贫车间，推动贫困劳动力就近就业。对于扶贫对象创业，给予担保贷款贴息扶持，并积极培育农村创业致富带头人，使其带动贫困户就业。三是推动现代农业发展，增加群众农业收入。优质稻、茶叶、特色水果、绿色蔬菜、毛竹、中药材等种植面积不断增加，通过加强产业示范乡（镇）和产业示范基地建设、推动合作社发展、打造田园综合体、强化"农银"合作、推动电商发展等，现代农业产业发展水平和发展质量不断提升。[①]

进入相对贫困治理阶段后，因地制宜，进一步推动红色旅游和绿色生态融合共生发展，将不断推动井冈山市的高质量发展，为实现共同富裕提供坚实基础。[②]

第六节 纯阳山村的脱贫故事

四川省南充市南部县八尔湖镇纯阳山村，地处南部中型水库八尔湖淹没区，该村过去资源匮乏、交通不便，群众生产、生活艰难。2014年，全村建档立卡贫困户90户345人，贫困发生率34.6%，[③]属典型的贫困村。

精准扶贫战略实施以来，围绕全面建成小康社会的目标任务，全力打赢脱贫攻坚战成为时代的强音。在这样的背景下，纯阳山村立足自身土地资源匮乏、交通闭塞的基本村情，探索出了一条党建扶贫引领、内生动力固本、五方联盟增收、村级自治强基、政策激励保障的精准扶贫机制创新之路。纯阳山村党支部坚持把精准扶贫、精准脱贫与整体推进水美新村建设相结合，在用好精准扶贫政策、精准施策的同时，既解决

① 黄斌. 井冈山市打好产业扶贫组合拳 激发群众脱贫内生动力 [J]. 老区建设，2019（11）：63-65.
② 中国减贫数据库，http://gfciac324c39a46f54689skuw69nxpfccq6pcc.gfib.libproxy.ruc.edu.cn/skwx_jp/LiteratureDetail.aspx? ID=613029。
③ 纯阳山村：绣好"精准扶贫"这朵花 [J]. 中国扶贫，2018（21）：30-31.

了贫困户精准脱贫的问题，又把昔日水淹村变为水美新村。①

纯阳山村的产业发展围绕现代农业和乡村旅游业逐步展开。2016 年启动了食用菌产业园，采取风险共担、利益共享的运作模式，吸纳了 15 户贫困户参与，实现了年户均增收 10 万元左右。同时，坚持发展小庭院、小养殖、小买卖、小作坊"四小工程"，鼓励贫困户建设果园、菜园、林园，支持群众发展养殖业，每户贫困户至少有 1 个增收致富项目，以每户生产的小规模变成了区域产业的大规模。另外，通过美丽乡村建设，发展乡村旅游。按照"生态打底、绿色发展"的乡村振兴思路，纯阳山村坚持把改善生态和人居环境放在放在首位，重点在屋、路、湖、景上做文章，村民房屋"宜聚则聚、宜散则散"，不搞大拆大建，采取"穿衣戴帽"的办法进行修固，恢复川北民居风格。坚守"自然、生态、亲水"原则，新建环八尔湖环湖路 1.5 公里、游步道 6 公里，连通了村头村尾以及庭院广场。② 在建设美丽乡村的同时，纯阳山村依托悠久历史，着力打造乡村旅游产业。全村以纯阳洞为载体，挖掘"八仙文化"内涵，在纯阳洞周边打造湿地公园、四季花海等。依托得天独厚的自然生态资源，该村还引进"梦里水乡"景区和乌托村两个项目，大力发展乡村旅游。③

纯阳山村的基层治理不断完善。一是给群众提供村级事务全天候、全过程代办和协办服务，协调相关部门，在村里设立便民服务代办点，建立金融服务中心；村"两委"成立了助耕队，为劳动力不足家庭提供义务助耕，给村民生产生活提供了极大便利。二是通过村风建设，为美丽乡村增添了内涵。通过建设文化活动广场，为村民们的文化活动提供了场所。坚持开展感恩教育、法纪教育、习惯教育、风气教育和脱贫光

---

① 纯阳山村：绣好"精准扶贫"这朵花 [J]. 中国扶贫，2018（21）：30－31.
② 中国减贫数据库，http://gfciac324c39a46f54689skuw69nxpfccq6pcc. gfib. libproxy. ruc. edu. cn/zgjpsjk/jpda/592gzdx/sichuan/nanbuxian/jianpinchengji/631924. html。
③ 《2020 南充十大网红新村：走进南部纯阳山村》，大南部网，https://www.sohu. com/a/435496143_676570，2020 年 11 月 30 日。

荣的自尊教育"五大专题教育",通过培训,形成自主自信、自立自强的群众意识,激发群众脱贫的主体力量和内在动力。细化16条"四好"标准,每年两次对农户开展"四好"星级示范户评选活动,促使村风民风淳朴纯净。①

2018年底,纯阳山村告别贫困,2019年初,该村被四川省委农村工作委员会、省水利厅评为"水美新村",2020年4月,纯阳山村被命名为2019年度四川省实施乡村振兴战略工作示范村②,2020年6月,入选2020年四川省乡村旅游重点村③,2021年4月,被四川省委城乡基层治理委员会评为"四川省首批乡村治理示范村镇"④。从穷乡僻壤到美丽乡村,纯阳山村的巨变是南充市脱贫攻坚、乡村振兴的一个缩影,也为新时代我国农业农村的高质量发展提供了新的模式。

---

① 中国减贫数据库,http://gfciac324c39a46f54689skuw69nxpfccq6pcc.gfib.libproxy.ruc.edu.cn/zgjpsjk/jpda/592gzdx/sichuan/nanbuxian/jianpinchengji/631924.html。

② 《2019年四川乡村振兴先进名单正式出炉》,新浪网,http://sc.sina.com.cn/news/m/2020 - 04 - 01/detail-iimxyqwa4364669.shtml,2020年4月1日。

③ 《关于2020年四川省乡村旅游重点村遴选结果的公告》,四川省文化和旅游厅网站,http://wlt.sc.gov.cn/scwlt/gsgg/2020/6/10/10a218d9f8b04b3997e9f902003991a8.shtml,2020年6月10日。

④ 《44个镇(乡)、399个村上榜!四川公布首批乡村治理示范村镇名单》,四川新闻网,http-tp://scnews.newssc.org/system/20210402/001163754.html,2021年4月2日。

附录二
中国贫困治理的主要文献

一 中文期刊

[1] 姜安印,陈卫强.论相对贫困的成因、属性及治理之策 [J].南京农业大学学报（社会科学版）, 2021, 21（03）: 127 – 139.

[2] 人类减贫的历程及探索 [J].人民论坛, 2021（11）: 12 – 13.

[3] 章文光.中国贫困治理国际合作的观念变迁与实践历程 [J].人民论坛, 2021（11）: 24 – 27.

[4] 王志刚,封启帆.巩固贫困治理策略:从精准扶贫到乡村振兴 [J/OL].财经问题研究: 1 – 10 [2021 – 05 – 06].http://kns.cnki.net/kcms/detail/21.1096.F.20210412.0902.002.html.

[5] 汪三贵,孙俊娜.全面建成小康社会后中国的相对贫困标准、测量与瞄准——基于 2018 年中国住户调查数据的分析 [J].中国农村经济, 2021（03）: 2 – 23.

[6] 姚尚建.城市减贫的政策限度——基于历史与比较的视角 [J].西南民族大学学报（人文社会科学版）, 2021, 42（04）: 73 – 79.

[7] 宋敏,金博,李秄顗,高旭红.从贫穷到富裕:建党百年来我国贫困治理的庄严承诺与路径探索 [J].西安财经大学学报, 2021, 34（02）: 56 – 63.

[8] 印子.贫困治理中的干部下乡——基于豫南 G 县扶贫"第一书记"

制度运作的分析［J］．人文杂志，2021（03）：120－128．

［9］潘文轩．"后脱贫时代"反贫困体系城乡一体化的前瞻性研究［J］．经济体制改革，2021（02）：28－34．

［10］何家伟，李超梅．理论·历史·实践：构建中国特色贫困治理制度体系的三维视角［J］．思想教育研究，2021（03）：7－12．

［11］王志章，杨志红．贫而不困：当下中国农村不存在贫困陷阱［J］．湖北民族大学学报（哲学社会科学版），2021，39（02）：118－131．

［12］罗明忠，邱海兰．收入分配视域下相对贫困治理的逻辑思路与路径选择［J］．求索，2021（02）：172－179．

［13］潘锦云，程勇．相对贫困治理与城乡经济一体化进路［J］．江汉论坛，2021（03）：30－36．

［14］王小林，张晓颖．中国消除绝对贫困的经验解释与2020年后相对贫困治理取向［J］．中国农村经济，2021（02）：2－18．

［15］马超林．新时代我国贫困治理的效率评价与时空差异——基于三阶段DEA模型分析［J］．湖北社会科学，2021（03）：84－90．

［16］郑继承．邓小平贫困治理思想的逻辑结构与时代价值［J］．邓小平研究，2021（02）：27－37．

［17］刘海军．中国共产党农村治贫的百年探索：演进、经验与世界意义［J］．求实，2021（02）：4－20＋109．

［18］王太明，王丹．后脱贫时代相对贫困的类型划分及治理机制［J］．求实，2021（02）：51－69＋111．

［19］王文棣，曹源洮．中国扶贫开发经验总结与展望［J］．西北农林科技大学学报（社会科学版），2021，21（02）：26－35．

［20］侯守杰．后小康时代的相对贫困治理［J］．西北农林科技大学学报（社会科学版），2021，21（02）：36－42．

［21］王国敏，侯守杰．后小康时代中国相对贫困的特征、难点、标准识别及应对之策［J］．内蒙古社会科学，2021，42（02）：106－

113 + 213.

[22] 左停. 健康扶贫与相对贫困治理专题 [J].西北大学学报（哲学社会科学版），2021，51（02）：50.

[23] 左停，金菁，刘文婧. 组织动员、治理体系与社会导引：中国贫困公共治理中的话语效应 [J].西北大学学报（哲学社会科学版），2021，51（02）：50 - 61.

[24] 姜安印，陈卫强. 贫困时代转换的经验证据、特征研判及路径选择 [J].经济学家，2021（03）：63 - 70.

[25] 李晓冬，马元驹. 精准扶贫政策落实跟踪审计研究进展——兼论后精准扶贫时代扶贫政策落实跟踪审计的研究进路 [J].哈尔滨工业大学学报（社会科学版），2021，23（02）：143 - 153.

[26] 李棉管. 精准扶贫中的基层分包制——挤压型情境下的行政动员 [J].中国行政管理，2021（03）：62 - 69.

[27] 吴高辉，岳经纶. 中国反贫困进程中的福利制度建构——基于"社会中国"的视角 [J].甘肃行政学院学报，2021（01）：93 - 103 + 127.

[28] 贺雪峰. 论后扶贫时代的反贫困战略 [J].西北师大学报（社会科学版），2021，58（01）：14 - 21.

[29] 鄢洪涛，杨仕鹏. 农村医疗保险制度的相对贫困治理效应——基于贫困脆弱性视角的实证分析 [J].湖南农业大学学报（社会科学版），2021，22（01）：48 - 55.

[30] 王元聪，刘秀兰. 相对贫困绿色治理：逻辑、困境及路径——以四川藏彝民族地区为例 [J].民族学刊，2021，12（02）：61 - 67 + 99.

[31] 孙玉环，王琳，王雪妮，尹丽艳. 后精准扶贫时代多维贫困的识别与治理——以大连市为例 [J].统计与信息论坛，2021，36（02）：78 - 88.

[32] 张远新，董晓峰. 论脱贫攻坚的中国经验及其意义 [J].浙江社会

科学，2021（02）：4－10＋155.

[33] 解安，王立伟. 基于城乡融合视角的相对贫困治理对策研究［J］. 学习与探索，2021（02）：82－90＋175.

[34] 张楠，寇璇，刘蓉. 财政工具的农村减贫效应与效率——基于三条相对贫困线的分析［J］.中国农村经济，2021（01）：49－71.

[35] 焦克源. 社会保障与扶贫开发的现实联动［J］.甘肃社会科学，2021（01）：193－199.

[36] 张晓颖，王小林. 东西扶贫协作：贫困治理的上海模式和经验［J］.甘肃社会科学，2021（01）：24－31.

[37] 韩广富，辛远. 后扶贫时代中国农村兜底保障扶贫：形势、取向与路径［J］.兰州学刊，2021（02）：147－159.

[38] 张琦. 巩固拓展脱贫攻坚成果同乡村振兴有效衔接：基于贫困治理绩效评估的视角［J］.贵州社会科学，2021（01）：144－151.

[39] 唐任伍，孟娜，李楚翘. 习近平新时代中国特色社会主义思想中的贫困治理观：理论渊源、逻辑意蕴和当代价值［J］.经济与管理研究，2020，41（12）：3－10.

[40] 袁金辉，杨艳花. 深度贫困地区精准扶贫实施成效与长效机制构建——基于渝东北地区的调查［J］.重庆社会科学，2021（01）：74－87.

[41] 王丹，王太明. 中国共产党治理农村绝对贫困的基本特征、主要经验及现实启示［J］.理论学刊，2021（01）：50－58.

[42] 林闽钢，霍萱. 大国贫困治理的"中国经验"——以中国、美国和印度比较为视角［J］.社会保障评论，2021，5（01）：90－104.

[43] 史诗悦. 易地扶贫搬迁社区的空间生产、置换与社会整合——基于宁夏固原团结村的田野调查［J］.湖北民族大学学报（哲学社会科学版），2021，39（01）：98－108.

[44] 吴帅. 政治系统视角下亚贫困人群脱贫的路径与策略——基于渝、

豫、蒙、宁、辽五省（市、区）十县的扶贫调查 [J].湖北民族大学学报（哲学社会科学版），2021，39（01）：56-64.

[45] 李怡，柯杰升.中国农村扶贫政策的减贫效应及其评价 [J].华南农业大学学报（社会科学版），2021，20（01）：9-21.

[46] 胡世文，曹亚雄.脱贫人口返贫风险监测：机制设置、维度聚焦与实现路径 [J].西北农林科技大学学报（社会科学版），2021，21（01）：29-38.

[47] 杨宇，陈丽君.理性制度为何无法取得理性结果？——产业扶贫政策执行偏差研究的三种视角及其启示 [J].西北农林科技大学学报（社会科学版），2021，21（01）：60-71.

[48] 邓金钱.习近平扶贫重要论述的生成逻辑、理论内涵与价值意蕴 [J].财经问题研究，2021（01）：14-22.

[49] 翟绍果，张星.从脆弱性治理到韧性治理：中国贫困治理的议题转换、范式转变与政策转型 [J].山东社会科学，2021（01）：74-81.

[50] 黄渊基.中国农村70年扶贫历程中的政策变迁和治理创新 [J].山东社会科学，2021（01）：89-95.

[51] 郑继承.中国特色反贫困理论释析与新时代减贫战略展望 [J].经济问题探索，2021（01）：40-51.

[52] 胡洪彬.百年反贫困：历程回溯、基本经验与前瞻启示 [J].青海社会科学，2020（06）：61-70.

[53] 顾海英.新时代中国贫困治理的阶段特征、目标取向与实现路径 [J].上海交通大学学报（哲学社会科学版），2020，28（06）：28-34.

[54] 高强，曾恒源.中国农村低收入人口衡量标准、规模估算及思考建议 [J/OL].新疆师范大学学报（哲学社会科学版），2021（04）：1-11021-05-0. https://doi.org/10.14100/j.cnki.65-1039/g4.20201223.001.

[55] 焦克源，陈国斌，方圆．多维贫困视角下精准扶贫的成就与展望——基于中国家庭追踪调查数据的实证 [J]．青海民族研究，2020，31 (04)：44 - 53.

[56] 孙咏梅．中国脱贫攻坚成就与反贫困展望 [J]．中国高校社会科学，2020 (06)：22 - 29 + 154.

[57] 崔宝玉，孙倚梦．农民合作社的贫困治理功能会失灵吗——基于结构性嵌入的理论分析框架 [J]．农业经济问题，2020 (12)：17 - 27.

[58] 田雄，段塔丽．超越结构：产业扶贫中反贫困主体的实践困境与行动协同——以陕西 S 高校社工与 H 企业互动为例 [J]．学术论坛，2020，43 (05)：85 - 92.

[59] 刘大伟．教育是否有助于打通贫困治理的"任督二脉"——城乡差异视角下教育扶贫的路径与效果 [J]．教育与经济，2020，36 (06)：12 - 21.

[60] 韩广富，辛远．相对贫困视角下中国农村贫困治理的变迁与发展 [J]．中国农业大学学报（社会科学版），2020，37 (06)：50 - 60.

[61] 张建．中国贫困治理的党政体制及其效能研究——基于青海省 H 县脱贫攻坚实践的考察 [J]．中国农业大学学报（社会科学版），2020，37 (06)：61 - 70.

[62] 左停，刘文婧．教育与减贫的现实障碍、基本保障与发展促进——相对贫困治理目标下教育扶贫战略的思考 [J]．中国农业大学学报（社会科学版），2020，37 (06)：85 - 96.

[63] 张占斌．中国减贫的历史性成就及其世界影响 [J]．马克思主义研究，2020 (12)：5 - 14 + 163.

[64] 刘晓玲．习近平关于贫困治理重要论述的内涵与价值 [J]．马克思主义研究，2020 (12)：62 - 71.

[65] 张建伟，陈鹏．世界屋脊的脱贫奇迹：西藏脱贫攻坚的伟大成就、基本经验与未来展望 [J]．西藏大学学报（社会科学版），2020，

35（04）：135-142.

[66] 李晓夏，赵秀凤. 中国生态扶贫治理机制研究——基于 CiteSpace 下的可视化分析 [J]. 世界农业，2020（12）：60-69+78.

[67] 孙久文，张倩. 2020 年后我国相对贫困标准：经验实践与理论构建 [J/OL]. 新疆师范大学学报（哲学社会科学版），2021（04）：1-13021-05-0. https://doi. org/10.14100/j. cnki. 65-1039/g4.20201202.001.

[68] 郭晓鸣，王蔷. 农村集体经济组织治理相对贫困：特征、优势与作用机制 [J]. 社会科学战线，2020（12）：67-73.

[69] 李洪，蒋龙志，何思好. 农村相对贫困识别体系与监测预警机制研究——来自四川省 X 县的数据 [J]. 农村经济，2020（11）：69-78.

[70] 张远新. 中国贫困治理的世界贡献及世界意义 [J]. 红旗文稿，2020（22）：25-27.

[71] 李猛. 马克思主义反贫困理论在中国的传承与创新 [J]. 中共中央党校（国家行政学院）学报，2020，24（04）：22-28.

[72] 孙咏梅. 马克思反贫困思想及其对中国减贫脱贫的启示 [J]. 马克思主义研究，2020（07）：87-95.

[73] 陈伟. 国内关于相对贫困研究述论 [J]. 学校党建与思想教育，2020（22）：93-94.

[74] 李棉管，岳经纶. 相对贫困与治理的长效机制：从理论到政策 [J]. 社会学研究，2020，35（06）：67-90+243.

[75] 王国敏，王小川. 从空间偏向到空间整合：后小康时代我国贫困治理的空间转向 [J]. 四川大学学报（哲学社会科学版），2020（06）：153-160.

[76] 高强. 脱贫攻坚与乡村振兴的统筹衔接：形势任务与战略转型 [J]. 中国人民大学学报，2020，34（06）：29-39.

[77] 陈宗胜，黄云，周云波．多维贫困理论及测度方法在中国的应用
　　　研究与治理实践 [J]．国外社会科学，2020 (06)：15 – 34.

[78] 李小云，季岚岚．国际减贫视角下的中国扶贫——贫困治理的相
　　　关经验 [J]．国外社会科学，2020 (06)：46 – 56.

[79] 章元，段文．相对贫困研究与治理面临的挑战及其对中国的启示
　　　[J]．国外社会科学，2020 (06)：57 – 65.

[80] 李海金，焦方杨．县域脱贫的逻辑特征、现实困境及应对策略——
　　　基于全国首批脱贫摘帽区县 C 市 Q 区的调查 [J]．广西大学学报
　　　（哲学社会科学版），2020，42 (06)：63 – 70.

[81] 刘艳．新疆南疆四地州区域性贫困的整体治理研究 [J]．新疆大学
　　　学报（哲学·人文社会科学版），2020，48 (06)：79 – 87.

[82] 王国敏，王小川．后全面小康时代我国贫困治理研究的转型方向
　　　和空间策略——基于"结构—秩序——发展"的阐释框架 [J]．北
　　　京行政学院学报，2020 (06)：1 – 9.

[83] 高飞．后扶贫时代的新贫困治理：社会工作的定位与角色——一个
　　　长程的比较视野 [J]．内蒙古社会科学，2020，41 (06)：156 – 163.

[84] 汪三贵，刘明月．从绝对贫困到相对贫困：理论关系、战略转变
　　　与政策重点 [J]．华南师范大学学报（社会科学版），2020 (06)：
　　　18 – 29 +189.

[85] 李晚莲，高光涵，黄建红．乡村振兴战略背景下多中心农村贫困
　　　治理模式研究——基于粤北 L 村的考察 [J]．广西社会科学，2020
　　　(10)：59 – 65.

[86] 谢岳．中国贫困治理的政治逻辑——兼论对西方福利国家理论的
　　　超越 [J]．中国社会科学，2020 (10)：4 – 25 +204.

[87] 邓金钱．中国财政扶贫的理论生成、实践进展与"十四五"取向
　　　[J]．农业经济问题，2020 (10)：9 – 18.

[88] 陈素梅，何凌云．相对贫困减缓、环境保护与健康保障的协同推

进研究 [J].中国工业经济，2020（10）：62－80.

[89] 刘彦随，周成虎，郭远智，王黎明.国家精准扶贫评估理论体系及其实践应用 [J].中国科学院院刊，2020，35（10）：1235－1248.

[90] 唐海燕.后脱贫时代少数民族财富伦理观的去蔽与建构 [J].广西民族研究，2020（05）：158－164.

[91] 邢成举.城乡融合进程中的相对贫困及其差异化治理机制研究 [J].贵州社会科学，2020（10）：156－162.

[92] 蒋永穆，万腾，卢洋.中国消除绝对贫困的政治经济学分析——基于马克思主义制度减贫理论 [J].社会科学战线，2020（09）：167－176.

[93] 王国敏，何莉琼.我国相对贫困的识别标准与协同治理 [J].新疆师范大学学报（哲学社会科学版），2021，42（03）：100－111.

[94] 陈健，吴惠芳.贫困治理社会化：路径转向、类型划分与嵌入式设计 [J].中国农业大学学报（社会科学版），2020，37（05）：84－93.

[95] 李红艳.以扩展可行能力复苏村庄秩序——基于晋南某贫困村的案例分析 [J].中国农业大学学报（社会科学版），2020，37（05）：111－121.

[96] 刘鸿渊，刘菁儿.中国扶贫攻坚研究脉络与演进趋势研究——基于 CNKI 核心期刊和 CSSCI 来源期刊数据 [J].西南民族大学学报（人文社科版），2020，41（10）：225－232.

[97] 曹子坚，张俊霞.能力建设视域下的农村贫困治理 [J].甘肃社会科学，2020（05）：155－162.

[98] 陈洋庚，胡军华.新时代中国特色扶贫开发：学理逻辑与中国贡献 [J].江西财经大学学报，2020（05）：81－91.

[99] 王思斌.全面小康社会初期的相对贫困及其发展型治理 [J].北京大学学报（哲学社会科学版），2020，57（05）：5－13.

［100］余少祥．后脱贫时代贫困治理的长效机制建设［J］．江淮论坛，
2020（04）：62 - 68．

［101］张远新．国外政要学者视野下的中国贫困治理：简介与评析［J］．
江汉论坛，2020（09）：69 - 74．

［102］章元，段文．相对贫困研究与治理面临的挑战及其对中国的启示
［J］．国外社会科学，2020（06）：57 - 65．

［103］范东君．新中国成立以来反贫困的历史进程与经验启示［J］．求
索，2020（05）：190 - 196．

［104］许源源，徐圳．公共服务供给、生计资本转换与相对贫困的形
成——基于 CGSS2015 数据的实证分析［J］．公共管理学报，
2020，17（04）：140 - 151 + 175．

［105］李雪伟．改革开放以来我国扶贫政策话语研究——基于语用学理论
的分析视角［J］．公共管理与政策评论，2020，9（05）：32 - 46．

［106］温兴祥，郑子媛．农村流动人口基本公共服务的多维贫困［J］．
华南农业大学学报（社会科学版），2020，19（05）：56 - 69．

［107］贺立龙．中国历史性解决绝对贫困问题的制度分析——基于政治经
济学的视角［J］．政治经济学评论，2020，11（05）：156 - 182．

［108］韩广富，辛远．农村相对贫困的特征、境遇及长效解决机制［J］．
福建论坛（人文社会科学版），2020（09）：119 - 130．

［109］冯朝睿，李昊泽．国内精准扶贫领域研究热点及演化路径——基
于 CNKI 样本文献（2014～2019）的计量分析［J］．西北人口，
2020，41（05）：71 - 83．

［110］李颖慧，窦苗苗，杜为公．我国城乡女性贫困成因与治理方式研
究［J］．河南社会科学，2020，28（09）：113 - 118．

［111］李文祥，孟莉莉．社会工作介入贫困治理的策略分析［J］．社会
科学战线，2020（09）：194 - 200．

［112］黄一玲，刘文祥．中国共产党的领导是消灭贫困的政治保证——

我国农村扶贫政策的历史演变及其展望 [J]. 毛泽东邓小平理论研究, 2020 (06): 15 - 23 + 108.

[113] 周庆智. 乡村贫困及其治理: 农民权利缺失的经验分析 [J]. 学术月刊, 2020, 52 (08): 113 - 128.

[114] 潘文轩. 中国消除绝对贫困的经验及对 2020 年后解决相对贫困的启示 [J]. 兰州学刊, 2020 (08): 175 - 185.

[115] 李晓冬, 马元驹, 南星恒, 普天星. 精准扶贫政策落实跟踪审计: 理论基础、实践困境与路径优化——基于审计结果公告文本分析的证据 [J]. 理论月刊, 2020 (08): 51 - 63.

[116] 刘欢, 韩广富. 后脱贫时代农村精神贫困治理的现实思考 [J]. 甘肃社会科学, 2020 (04): 170 - 178.

[117] 张博胜, 杨子生. 中国城乡协调发展与农村贫困治理的耦合关系 [J]. 资源科学, 2020, 42 (07): 1384 - 1394.

[118] 王建英, 陈志钢, 毕洁颖. 扶贫与发展的有效结合——浙江省扶贫实践探索及其对 2020 年后中国扶贫战略的启示 [J]. 浙江大学学报 (人文社会科学版), 2020, 50 (04): 82 - 100.

[119] 李根. 大数据背景下连片特困地区减贫效应测度 [J]. 统计与决策, 2020, 36 (12): 9 - 13.

[120] 王琦, 余孝东. "双非地区" 倒挂式贫困的治理困境 [J]. 华南农业大学学报 (社会科学版), 2020, 19 (04): 10 - 20.

[121] 左停, 李世雄. 2020 年后中国农村贫困的类型、表现与应对路径 [J]. 南京农业大学学报 (社会科学版), 2020, 20 (04): 58 - 67.

[122] 郭之天, 陆汉文. 相对贫困的界定: 国际经验与启示 [J]. 南京农业大学学报 (社会科学版), 2020, 20 (04): 100 - 111.

[123] 仲超, 林闽钢. 中国相对贫困家庭的多维剥夺及其影响因素研究 [J]. 南京农业大学学报 (社会科学版), 2020, 20 (04): 112 - 120.

［124］李小云，徐进，于乐荣．中国减贫的基本经验［J］.南京农业大学学报（社会科学版），2020，20（04）：11－21.

［125］燕继荣，王禹澔．保障济贫与发展脱贫的主题变奏——中国反贫困发展与展望［J］.南京农业大学学报（社会科学版），2020，20（04）：22－34.

［126］吕方．脱贫攻坚与乡村振兴衔接：知识逻辑与现实路径［J］.南京农业大学学报（社会科学版），2020，20（04）：35－41.

［127］白增博，汪三贵，周园翔．相对贫困视域下农村老年贫困治理［J］.南京农业大学学报（社会科学版），2020，20（04）：68－77.

［128］刘祖云．贫困梯度蜕变、梯度呈现与创新贫困治理——基于社会现代化视角的理论探讨与现实解读［J］.武汉大学学报（哲学社会科学版），2020，73（04）：154－161.

［129］吴振磊，王莉．我国相对贫困的内涵特点、现状研判与治理重点［J］.西北大学学报（哲学社会科学版），2020，50（04）：16－25.

［130］王怀勇，邓若翰．后脱贫时代社会参与扶贫的法律激励机制［J］.西北农林科技大学学报（社会科学版），2020，20（04）：1－10.

［131］冯朝睿．后精准扶贫时代云南集中连片特困地区多中心协同反贫困治理效果评价研究［J］.经济问题探索，2020（07）：135－146.

［132］张磊，伏绍宏．结构性嵌入：下派干部扶贫的制度演进与实践逻辑——以四川省凉山彝族自治州的扶贫实践为例［J］.社会科学研究，2020（04）：134－141.

［134］田北海，徐杨．可行能力视角下家庭支出型贫困的致贫机理及其治理——基于湖北省四个县（市）的调查［J］.社会保障研究，2020（04）：84－92.

［135］刘小鹏，程静，赵小勇，苗红，魏静宜，曾端，马存霞．中国可持续减贫的发展地理学研究［J］.地理科学进展，2020，39（06）：892－901.

[136] 周国华，张汝娇，贺艳华，戴柳燕，张丽．论乡村聚落优化与乡村相对贫困治理 [J].地理科学进展，2020，39（06）：902－912.

[137] 鲁可荣，徐建丽．基于乡村价值的农业大县脱贫攻坚与乡村振兴有机衔接的路径研究 [J].贵州民族研究，2020，41（06）：135－141.

[138] 樊如茵．习近平关于贫困治理重要论述的内涵、特征及践行路径 [J].马克思主义理论学科研究，2020，6（03）：162－169.

[139] 施海波，吕开宇．2020年后反贫困战略：话语切换、顶层谋划与学界探讨 [J].中国农业大学学报（社会科学版），2020，37（03）：88－100.

[140] 张明皓，豆书龙．2020年后中国贫困性质的变化与贫困治理转型 [J].改革，2020（07）：98－107.

[141] 胡原，金倩，曾维忠，蓝红星．深度贫困地区多维贫困治理绩效研究——以四省藏区为例 [J].中国农业资源与区划，2020，41（05）：185－193.

[142] 衡霞，陈鑫瑶．我国农村扶贫政策的演进特征研究——基于中央一号文件的内容分析（1982—2019）[J].新疆社会科学，2020（03）：122－130＋152.

[143] 彭文慧，王动．社会资本、市场化与农村减贫——来自农村微观调查的证据 [J].贵州财经大学学报，2020（03）：71－80.

[144] 卢盛峰，时良彦，金行．中国代际贫困的传递特征测度及财政治理研究 [J].财贸研究，2020，31（05）：66－76.

[145] 郑继承．构建相对贫困治理长效机制的政治经济学研究 [J].经济学家，2020（05）：91－98.

[146] 张永丽，沈志宇．贫困与反贫困问题研究述论 [J].西北民族大学学报（哲学社会科学版），2020（04）：129－140.

[147] 张涛，王春蕊．中国扶贫开发成效、创新与展望 [J].河北学刊，

2020，40（03）：147－155.

[148] 袁树卓，高宏伟，彭徽.精准治理中农村反贫困政策创新的合法性评价——以县域扶贫建档立卡为例 [J].技术经济，2020，39（04）：22－29＋38.

[149] 燕继荣.反贫困与国家治理——中国"脱贫攻坚"的创新意义 [J].管理世界，2020，36（04）：209－220.

[150] 谢治菊.论区块链技术在贫困治理中的应用 [J].人民论坛·学术前沿，2020（05）：48－56.

[151] 张传洲.相对贫困的内涵、测度及其治理对策 [J].西北民族大学学报（哲学社会科学版），2020（02）：112－119.

[152] 杨明，郑晨光.区块链在精准扶贫脱贫中应用研究 [J].云南民族大学学报（哲学社会科学版），2020，37（02）：82－87.

[153] 唐剑，李晓青.习近平贫困治理重要论述的理论意蕴及在四川藏区的实践应用 [J].民族学刊，2020，11（02）：15－21＋123－124.

[154] 焦娜，郭其友.农户生计策略识别及其动态转型 [J].华南农业大学学报（社会科学版），2020，19（02）：37－50.

[155] 李卓，徐明强，左停."扶贫包干制"的制度建构与实践路径——基于黔西南B镇的案例分析 [J].西南大学学报（社会科学版），2020，46（02）：20－27.

[156] 邢成举.政府贫困治理的多元逻辑与精准扶贫的逻辑弥合 [J].农业经济问题，2020（02）：31－39.

[157] 李松有."结构－关系－主体"视角下农村贫困治理有效实现路径——基于广西15个县45个行政村878户农民调查研究 [J].当代经济管理，2020，42（05）：41－50.

[158] 张俊良，刘已筠，段成荣.习近平"精准扶贫"理论研究 [J].经济学家，2020（02）：25－32.

[159] 何阳，娄成武.后扶贫时代贫困问题治理：一项预判性分析 [J].

青海社会科学, 2020 (01): 109 - 117.

[160] 李晓园, 钟伟. 中国治贫 70 年: 历史变迁、政策特征、典型制度与发展趋势——基于各时期典型扶贫政策文本的 NVivo 分析 [J]. 青海社会科学, 2020 (01): 95 - 108.

[161] 雷明, 李浩, 邹培. 小康路上一个也不能少: 新中国扶贫七十年史纲 (1949 - 2019) ——基于战略与政策演变分析 [J]. 西北师大学报 (社会科学版), 2020, 57 (01): 118 - 133.

[162] 唐任伍, 肖彦博, 唐常. 后精准扶贫时代的贫困治理——制度安排和路径选择 [J]. 北京师范大学学报 (社会科学版), 2020 (01): 133 - 139.

[163] 高杰, 郭晓鸣. 深度贫困地区贫困治理的多重挑战与政策选择 [J]. 中南民族大学学报 (人文社会科学版), 2020, 40 (01): 131 - 134.

[164] 李正图. 中国特色社会主义反贫困制度和道路述论 [J]. 四川大学学报 (哲学社会科学版), 2020 (01): 55 - 64.

[165] 卢光盛, 熊鑫. 国际减贫合作的体系变化与中国角色 [J]. 云南师范大学学报 (哲学社会科学版), 2020, 52 (01): 118 - 129.

[166] 王一. 可持续生计视角下"参与式"反贫困路径探索 [J]. 社会保障评论, 2020, 4 (01): 93 - 107.

[167] 兰定松. 乡村振兴背景下农村返贫困防治探讨——基于政府和农民的视角 [J]. 贵州财经大学学报, 2020 (01): 87 - 93.

[168] 李军, 龚锐, 向轼. 乡村振兴视域下西南民族村寨多元协同反贫困治理机制研究——基于第一书记驻村的分析 [J]. 西南民族大学学报 (人文社科版), 2020, 41 (01): 194 - 202.

[169] 黄承伟. 中国减贫理论新发展对马克思主义反贫困理论的原创性贡献及其历史世界意义 [J]. 西安交通大学学报 (社会科学版), 2020, 40 (01): 1 - 7.

[170] 左停，贺莉，刘文婧．相对贫困治理理论与中国地方实践经验［J］.河海大学学报（哲学社会科学版），2019，21（06）：1－9＋109.

[171] 叶兴庆，殷浩栋．从消除绝对贫困到缓解相对贫困：中国减贫历程与2020年后的减贫战略［J］.改革，2019（12）：5－15.

[172] 李宝良，郭其友．因果关系的实地实验与新实证发展经济学的贫困治理之道－2019年度诺贝尔经济学奖得主主要经济理论贡献述评［J］.外国经济与管理，2019（11）.

[173] 邢成举，李小云．相对贫困与新时代贫困治理机制的构建［J］.改革，2019（12）：16－25.

[174] 王小林．新中国成立70年减贫经验及其对2020年后缓解相对贫困的价值［J］.劳动经济研究，2019，7（06）：3－10.

[175] 费雪莱．2020年后乡村反贫困治理转型探析［J］.青海社会科学，2019（06）：130－136.

[176] 王帆宇．改革开放以来中国特色扶贫道路：脉络梳理与经验总结［J］.西北民族大学学报（哲学社会科学版），2020（01）：8－17.

[177] 朱方明，李敬．习近平新时代反贫困思想的核心主题——"能力扶贫"和"机会扶贫"［J］.上海经济研究，2019（03）：5－16.

[178] 李萍，田世野．习近平精准扶贫脱贫重要论述的内在逻辑与实现机制［J］.教学与研究，2019（02）：5－14.

[179] 陈弘，周贤君，胡扬名．后精准扶贫阶段农村精准扶贫综合绩效提升研究——基于4省38市数据的实证分析［J］.中国行政管理，2019（11）：12－18.

[180] 吴凡．少数民族贫困地区精准脱贫实践与研究［J］.黑龙江民族丛刊，2019（04）：30－36＋75.

[181] 汪三贵，曾小溪．从区域扶贫开发到精准扶贫——改革开放40年中国扶贫政策的演进及脱贫攻坚的难点和对策［J］.农业经济问题.2018（08）：40－50.

[182] 贺雪峰. 中国农村反贫困战略中的扶贫政策与社会保障政策. 武汉大学学报（哲学社会科学版），2018，71（3）.

[183] 郭熙保，周强. 长期多维贫困、不平等与致贫因素 [J]. 经济研究，2016，51（06）：143－156.

[184] 王增文. 中国社会保障治理结构变化、理念转型及理论概化——范式嵌入与法治保障 [J]. 政治学研究，2015（05）：82－95.

[185] 陈艾，李雪萍. 新发展主义视域下连片特困地区反贫困路径探索 [J]. 江汉论坛，2015（10）：128－132.

[186] 张音，马可. 金融反贫困效应的研究综述 [J]. 金融发展研究，2015（04）：80－84.

[187] 刘小珉. 民族地区农村最低生活保障制度的反贫困效应研究 [J]. 民族研究，2015（02）：41－54＋124.

[188] 华正学. 列宁探索并解决苏维埃俄国贫困问题的理论与实践 [J]. 中央社会主义学院学报，2014（02）：84－89.

[189] 景天魁. 社会政策的效益底线与类型转变——基于改革开放以来反贫困历程的反思 [J]. 探索与争鸣，2014（10）：10－15.

[190] 张靖，李敏. 城镇贫困人口社会保障供给测算模型的比较与应用 [J]. 统计与决策，2014（14）：18－21.

[191] 林闽钢，梁誉，刘璐婵. 中国贫困家庭类型、需求和服务支持研究——基于"中国城乡困难家庭社会政策支持系统建设"项目的调查 [J]. 天津行政学院学报，2014，16（03）：3－11＋2.

[192] 郑瑞强，王芳. 社会企业反贫困作用机制分析与发展策略探讨 [J]. 经济体制改革，2013（02）：94－97.

[193] 林楠，童建军. 道德贫困及其治理的乡村个案研究：基于信德的观测 [J]. 深圳大学学报（人文社会科学版），2013，30（01）：100－106.

[194] 田朝晖，解安. 可行能力视阈下的三江源生态移民贫困治理研究

[J].科学经济社会，2012，30（04）：19-23.

[195] 刘璐琳.可持续生计视角下城市新贫困问题治理研究 [J].宏观
经济管理，2012（12）：53-55.

[196] 翟绍果，黄国武.农民工社会保障权利贫困及其治理 [J].四川
师范大学学报（社会科学版），2012，39（06）：42-47.

[197] 田朝晖，孙饶斌，张凯.三江源生态移民的贫困问题及其社会救
助策略 [J].生态经济，2012（09）：169-172.

[198] 王三秀.农村贫困治理模式创新与贫困农民主体性构造 [J].毛
泽东邓小平理论研究，2012（08）：51-56+115.

[199] 冯斌.贫困人口问题治理思路探析——以四川省茂县为例 [J].
北京大学学报（哲学社会科学版），2012，49（03）：152-157.

[200] 靳继东，潘洪阳.贫困与赋权：基于公民身份的贫困治理制度机
理探析 [J].吉林大学社会科学学报，2012，52（02）：67-72.

[201] 潘泽江.湘粤桂边瑶区农户的贫困脆弱性：测度与治理 [J].城
市发展研究，2012，19（02）：88-93.

[202] 郭烁.反对贫困与不平等——结构变迁、社会政策与政治 [J].清
华大学学报（哲学社会科学版），2011，26（04）：5-23+159.

[203] 范永忠，范龙昌.中国农村贫困与反贫困制度研究 [J].改革与
战略，2011，27（10）：88-91.

[204] 刘敏.社会资本与贫困治理——基于广州市 F 街的研究 [J].广
西大学学报（哲学社会科学版），2011，33（03）：44-48.

[205] 杜旸.全球治理中的中国进程：以中国减贫治理为例 [J].国际
政治研究，2011，32（01）：90-99+9.

[206] 陈晓军."毕节试验"与欠发达地区反贫困 [J].农业经济，2011
（08）：21-22.

[207] 向德平，姚霞.社会工作介入我国反贫困实践的空间与途径 [J].
教学与研究，2009（06）：22-26.

[208] 谢志平，焦佳凌．改革开放以来中国的贫困治理 [J]．兰州学刊，2007（12）：99 – 101 + 105.

[209] 谭丹·特鲁翁，黄觉．撒哈拉以南非洲的治理与贫困：重新思考移民管理的最佳实践 [J]．国际社会科学杂志（中文版），2007（04）：159 – 177 + 5 – 6.

[210] 杨立雄，谢丹丹．"绝对的相对"抑或"相对的绝对"：汤森和森的贫困理论比较 [J]．财经科学，2007（1）。

[211] 魏遥．20世纪90年代以来我国农村反贫困的理论反思与政策选择 [J]．生产力研究，2007（07）：22 – 24.

[212] 赵曦．中国西部农村的反贫困治理研究 [J]．四川大学学报（哲学社会科学版），2006（06）：5 – 11.

[213] 郭劲光．我国农村脆弱性贫困再解构及其治理 [J]．改革，2006（11）：57 – 65.

[214] 陈维达．我国转型期社会流动中贫困阶层的形成及治理途径 [A]．全国高校社会主义经济理论与实践研讨会领导小组．全国高校社会主义经济理论与实践研讨会第20次会议论文集（第四册）[C]．全国高校社会主义经济理论与实践研讨会领导小组：中国人民大学中国经济改革与发展研究院，2006：11.

[215] 赵曦．论中国西部农村的反贫困治理 [A]．国务院扶贫开发领导小组办公室、国务院西部地区开发领导小组办公室、联合国开发计划署（UNDP）、世界银行（The World Bank）、四川省人民政府、重庆市人民政府、成都市人民政府、四川大学、德国技术合作公司（GTZ）、中国西部开发研究联合体、四川大学社会发展与西部开发研究院．反贫困与国际区域合作 [C]．国务院扶贫开发领导小组办公室、国务院西部地区开发领导小组办公室、联合国开发计划署（UNDP）、世界银行（The World Bank）、四川省人民政府、重庆市人民政府、成都市人民政府、四川大学、德国技

术合作公司（GTZ）、中国西部开发研究联合体、四川大学社会
发展与西部开发研究院：四川大学社会发展与西部开发研究院，
2006：10.

[216] 王正军.乡村治理的困境与乡村的贫困研究［A］.国务院扶贫开
发领导小组办公室、国务院西部地区开发领导小组办公室、联合
国开发计划署（UNDP）、世界银行（The World Bank）、四川省人
民政府、重庆市人民政府、成都市人民政府、四川大学、德国技
术合作公司（GTZ）、中国西部开发研究联合体、四川大学社会
发展与西部开发研究院.反贫困与国际区域合作［C］.国务院扶
贫开发领导小组办公室、国务院西部地区开发领导小组办公室、
联合国开发计划署（UNDP）、世界银行（The World Bank）、四川
省人民政府、重庆市人民政府、成都市人民政府、四川大学、德
国技术合作公司（GTZ）、中国西部开发研究联合体、四川大学
社会发展与西部开发研究院：四川大学社会发展与西部开发研究
院，2006：8.

[217] 叶普万.贫困经济学研究：一个文献综述［J］.世界经济，2005
（09）：70 – 79.

[218] 张国红.探究中国的反贫困与返贫困［J］.学习与探索，2005
（04）：200 – 202.

[219] 钟茂初.生态维护与贫困治理——论"退耕还林"等政策的可持
续发展意义［J］.绿色中国，2005（08）：36 – 38.

[220] 史效东.贫困恶性循环的存在及治理对策初探——微观角度的分
析［A］.全国高等财经院校《资本论》研究会.全国高等财经院
校《资本论》研究会2005年学术年会论文汇编［C］.全国高等财
经院校《资本论》研究会：中国《资本论》研究会，2005：7.

[221] 王朝明.城市化：农民工边缘性贫困的路径与治理分析［J］.社
会科学研究，2005（03）：119 – 124.

［222］ 廖富洲．农村反贫困中政府主导行为的优势与问题［J］．中国党政干部论坛，2004（09）：25－27.

［223］ 徐大佑．发挥中心城市的带动作用综合治理西部城市贫困问题［J］．市场论坛，2004（07）：13－14.

［224］ 克利福德·科布，高峰．反贫困与社会公共政策——制定防止贫困的政策［J］．首都师范大学学报（社会科学版），2004（02）：93－97.

［225］ 田凯．中国的非营利部门与城市反贫困治理［J］．学术探索，2004（03）：38－40.

［226］ 史金善．广东省反贫困治理结构及其构建［J］．仲恺农业技术学院学报，2003（04）：51－57.

［227］ 李兰英．城市贫困：原因分析及治理对策［J］．人口与经济，2003（06）：42－45.

［228］ 黄毅，孙明节．我国城镇贫困问题现状及治理对策［J］．天府新论，2003（05）：51－53.

［229］ 郭其友．城乡贫困问题的深层原因与治理路径选择［J］．科学社会主义，2003（04）：62－64.

［230］ 王朝明．矿产资源枯竭城市的贫困问题及其治理［J］．财经科学，2003（04）：61－65.

［231］ 王大超．转型期中国城乡反贫困问题研究［D］．东北师范大学，2003.

［232］ 李汉文．贫困地区县乡财政困难及治理研究［D］．西南财经大学，2003.

［233］ 沈万根．关于延边城镇贫困人口问题的治理对策［J］．延边大学学报（社会科学版），2002（02）：38－40.

［234］ 刘贵平．新世纪我国农村贫困的特征及未来政策选择［J］．郑州大学学报（哲学社会科学版），2002（03）：86－90.

［235］成红巧，龙斌．对贫困地区经济开发与治理的思考［J］．湖南商学院学报，2001（06）：42－43．

［236］张凤凉，蒲海燕．反贫困治理结构中政府功能的缺陷及完善对策［J］．理论探讨，2001（06）：40－42．

［237］马志正，安树伟，王万全．21世纪初叶中国治贫反困新思路［J］．地域研究与开发，2001（03）：31－33．

［238］蒲吉蓉．国外治理贫困的举措与启示［J］．企业文明，2001（05）：14－15．

［239］陈端计．21世纪中国城镇贫困问题治理的难点与对策［J］．改革，2001（02）：18－21．

［240］庄慧玲．中国城市贫困家庭存在的原因及其治理对策［J］．上海统计，2001（03）：14－16．

［241］向恒，李雪花．论我国区域贫困的治理［J］．经济纵横，2000（06）：37－40．

［242］何金定．试论我国贫困地区的综合治理［J］．人口学刊，1999（01）：49－52．

［243］林毓铭．城市绝对贫困问题探源与综合治理［J］．江西财经大学学报，1999（01）：27－31．

［244］杨娅．中国的失业、城市贫困及其治理机制创新［J］．学术探索，1998（06）：15－19．

［245］王景新，唐涛．中国转型时期反贫困治理结构国际研讨会综述［J］．开发研究，1998（04）：45－47．

［246］杜宝虎．西北农村贫困恶性循环的结构分析与依法治理［J］．开发研究，1998（04）：48－49．

［247］云才晓．内蒙古贫困问题现状及治理对策［J］．内蒙古社会科学，1998（03）：101－104＋110．

［248］吕青．治理民族地区贫困问题的途径［J］．甘肃社会科学，1996

（05）：36－37.

［249］张茂林. 移民迁出区生态环境的治理——贫困地区人口、资源、环境与经济可持续发展之路［J］. 干旱区资源与环境，1996（03）：13－21.

［250］彭广荣. 贫困地区进行治理整顿大有必要［J］. 中国经济体制改革，1989（03）：41＋24.

［251］陈建勋. 从纳克斯的"贫困恶性循环论"所想到的［J］. 上海经济研究. 1988（2）.

［252］赫伯特·甘斯. 贫困的正功能［J］，美国社会学，1972（78）.

［253］曾宪东. 愚昧型贫困论——中国少数民族地区贫困原因及治理办法之考察研究［J］. 社会科学家，1988（06）：23－35.

［254］统筹安排综合治理改变贫困面貌［J］. 财政，1987（02）：20－21.

［255］石山. 谈我国贫困山区的治理与开发［J］. 科学·经济·社会，1986（06）：323－329.

二 图书

［256］谭卫平主编. 国际减贫理论与前沿问题2020［M］. 中国农业出版社，2020.

［257］左常升主编. 国际减贫理论与前沿问题2013～2019［M］. 中国农业出版社，2013～2019.

［258］黄承伟主编. 国际减贫理论与前沿问题2012［M］. 中国农业出版社，2012.

［259］李春光主编. 国际减贫理论与前沿问题2011［M］. 中国农业出版社，2011.

［260］吴忠主编. 国际减贫理论与前沿问题2010［M］. 中国农业出版社，2010.

［261］向德平，黄承伟. 中国反贫困发展报告2019－民营企业扶贫专题

［R］.华中科技大学出版社，2021.

［262］武汉大学，全国扶贫宣传教育中心.中国反贫困发展报告2018 – 公益慈善扶贫专题［R］.华中科技大学出版社，2018.

［263］武汉大学，全国扶贫宣传教育中心.中国反贫困发展报告2017 – 定点扶贫专题［R］.华中科技大学出版社，2017.

［264］武汉大学，中国国际扶贫中心.中国反贫困发展报告2016 – 社会组织参与扶贫专题［R］.华中科技大学出版社，2016.

［265］武汉大学，中国国际扶贫中心，华中师范大学.中国反贫困发展报告2015 – 市场主体参与扶贫专题［R］.华中科技大学出版社，2015.

［266］华中师范大学，中国国际扶贫中心.中国反贫困发展报告2014 – 社会扶贫专题［R］.华中科技大学出版社，2014.

［267］向德平，黄承伟.中国反贫困发展报告2012［R］.华中科技大学出版社，2013.

［268］中国社会科学院国家全球战略智库.国际减贫合作：构建人类命运共同体（上下册）［M］.社会科学文献出版社，2019.

［269］游俊，冷志明，丁建军.中国连片特困区发展报告（2018 – 2019）：产业扶贫的生计响应、益贫机制与可持续脱贫［R］.社会科学文献出版社，2019.

［270］游俊，冷志明，丁建军.中国连片特困区发展报告（2016 – 2017）：连片特困区扶贫开发政策与精准扶贫实践［R］.社会科学文献出版社，2017.

［271］游俊，冷志明，丁建军.中国连片特困区发展报告（2014 – 2015）：连片特困区城镇化进程、路径与趋势［R］.社会科学文献出版社，2015.

［272］游俊，冷志明，丁建军.中国连片特困区发展报告（2013）：武陵山片区多维减贫与自我发展能力构建［R］.社会科学文献出版社，2013.

[273] 朱旭东，李兴洲，白晓，侯淑晶. 教育扶贫蓝皮书：中国教育扶贫报告（2018－2019），社会科学文献出版社，2021.

[274] 王文静，李兴洲，白晓，史志乐. 教育扶贫蓝皮书：中国教育扶贫报告（2017），社会科学文献出版社，2018.

[275] 司树杰，王文静，李兴洲. 教育扶贫蓝皮书：中国教育扶贫报告（2016），社会科学文献出版社，2016.

   2. 其他图书

[276] 叶敬忠，黄承伟，陈世栋. 人类减贫的中国理路（全2册）［M］. 社会科学文献出版社，2021.

[277] 张琦. 中国减贫政策与实践：热点评论与思考［M］. 经济日报出版社，2021.

[278] 刘小珉. 破解全域深度贫困［M］. 社会科学文献出版社，2020.

[279] 谭卫平. 国际减贫理论与前沿问题. 2020［M］. 中国农业出版社. 2020.

[280] 赵鸭桥. 世界典型国家减贫实践与启示［M］. 科学出版社，2020.

[281] 孙咏梅. 反贫困的"中国奇迹"与"中国智慧"［M］. 中国人民大学出版社，2020.

[282] 胡建华. 贫困治理与精准扶贫［M］. 中南大学出版社，2020.

[283] 左宇晓. 社会资本视角下的政府反贫困：统计评价与政策选择［M］. 经济科学出版社，2020.

[284] 库恩（Kuhn，Robert Lawrence）（美）. 脱贫之道：中国共产党的治理密码［M］. 重庆出版社，2020.

[285] 雷明，李浩. 中国扶贫［M］. 清华大学出版社，2020.

[286] 张占斌. 中国减贫的世界贡献［M］. 湖南人民出版社有限责任公司，2020.

[287] 王曙光. 中国扶贫：制度创新与理论演变（1949－2020）［M］. 商务印书馆，2020.

［288］黄承伟．中国，对贫困说不［M］．北京师范大学出版社，2020．

［289］本书编委会．中国共产党领导脱贫攻坚的经验与启示［M］．当代世界出版社，2020．

［290］精准扶贫精准脱贫百村调研丛书［M］，社会科学文献出版社，2020．

［291］中国社会科学院国家全球战略智库，国家开发银行研究院．国际减贫合作：构建人类命运共同体（上下册）［M］，社会科学文献出版社，2019．

［292］邢成举，魏程琳，赵晓峰．新时代的贫困治理：理论、实践与反思［M］，社会科学文献出版社，2019．

［293］郑长德．减贫与发展．2018，精准扶贫地方实践［M］．中国经济出版社，2019．

［294］汪三贵．当代中国扶贫［M］．中国人民大学出版社，2019．

［295］周少来，张君，孙莹．党政统合与乡村治理：从精准扶贫到乡村振兴的南江经验［M］．中国社会科学出版社，2019．

［296］陈志钢，谭清香，吴国宝．从乡村到城乡统筹：2020年后中国扶贫愿景和战略重点［M］．社会科学文献出版社，2019．

［297］左常升，谭卫平，张广平，徐丽萍．世界各国减贫概要（第二辑）［M］．社会科学文献出版社，2018．

［298］王小林．贫困测量：理论与方法（第二版）［M］．社会科学文献出版社，2017．

［299］黄承伟，刘欣，周晶．鉴往知来十八世纪以来国际贫困与反贫困理论评述［M］．广西：广西人民出版社，2017．

［300］皮特·阿尔科克等著，彭华民等译．解析社会政策：重要概念与主要理论．华东理工大学出版社，2017．

［301］习近平．携手消除贫困促进共同发展：2015减贫与发展高层论坛的主旨演讲［M］．人民出版社，2015．

［302］郑志龙．基于马克思主义的中国贫困治理制度分析［M］．人民出

版社，2015.

[303] 缪尔达尔顾朝阳.世界贫困的挑战：世界反贫困大纲［M］.北京经济学院出版社，1991.

[304] 拉格纳·纳克斯.不发达国家的资本形成［M］.商务印书馆，1986.

[305] 阿马蒂亚·森著.任赜，于真译.以自由看待发展［M］.中国人民大学出版社，2002：85.

[306] 阿马蒂亚·森著.王宇，王文玉译.贫困与饥荒［M］.商务印书馆，2001：26.

[307] RavallionM. The Idea of Antipoverty Policy［M］. Handbook of Income Distribution，2015：1967 – 2061.

[308] Chambers R. Poverty and Livelihoods：Whose Reality Counts？［M］. Palgrave Macmillan UK，2012.

[309] Lewis O. Five Families：Mexican Case Studies in the Culture of Poverty［M］. Basic Books，1996：215.

[310] Townsend P. Poverty in the United Kingdom［M］. University of California Press，1979.

[311] Mollie O. Counting the Poor：Another Look at the Poverty Profile［M］. Social Security Bulletin，1965，28（1）：3 – 29.

[312] Rowntree B. S. Poverty：A Study of Town Life［M］. Macmillan，1901：86.

三　其他

[313] 中华人民共和国国务院新闻办公室.人类减贫的中国实践［N］.人民日报，2021 – 04 – 07（009）.

[314] 博鳌亚洲论坛.博鳌亚洲论坛亚洲减贫报告2020［C］.博鳌亚洲论坛：博鳌亚洲论坛，2020.

图书在版编目（CIP）数据

贫困治理理论和中国经验 / 胡乐明主编. -- 北京：
社会科学文献出版社, 2021.7
ISBN 978 - 7 - 5201 - 8764 - 0

Ⅰ.①贫… Ⅱ.①胡… Ⅲ.①扶贫 - 研究 - 中国
Ⅳ.①F126

中国版本图书馆 CIP 数据核字（2021）第 148455 号

贫困治理理论和中国经验

主　　　编 / 胡乐明
副 主 编 / 陈雪娟　张红杰

出 版 人 / 王利民
责任编辑 / 恽　薇　李真巧

出　　　版 / 社会科学文献出版社·经济与管理分社（010）59367226
　　　　　　地址：北京市北三环中路甲 29 号院华龙大厦　邮编：100029
　　　　　　网址：www.ssap.com.cn
发　　　行 / 市场营销中心（010）59367081　59367083
印　　　装 / 三河市尚艺印装有限公司

规　　　格 / 开 本：787mm × 1092mm　1/16
　　　　　　印 张：13　字 数：180 千字
版　　　次 / 2021 年 7 月第 1 版　2021 年 7 月第 1 次印刷
书　　　号 / ISBN 978 - 7 - 5201 - 8764 - 0
定　　　价 / 99.00 元

本书如有印装质量问题，请与读者服务中心（010 - 59367028）联系

▲ 版权所有 翻印必究